場所でつながる/場所とつながる

移動する時代の
クリエイティブな
まちづくり

田所承己 著
Yoshiki Tadokoro

弘文堂

contents 目次

【 セクション I 】

これからの時代の場所とは

第1章 まちづくりと場所 —— 2

1. まちづくりにとって場所とは —— 2
2. 無意識の前提を疑う —— 7
3. 本書の目的と構成 —— 10

第2章 モビリティ時代と場所 —— 12

1. はじめに — グローバル時代と場所 —— 12
2. グローバル化の時代 —— 13
3. 場所の迫り上がり —— 22
4. そして、まちづくりへ —— 34

【 セクション II 】

場所とつながる

第3章 コンテンツツーリズムと「場所」観の変容
　　　　 —— アニメ聖地巡礼と大河ドラマ観光 —— 38

1. はじめに — コンテンツツーリズムとは何か —— 38
2. 大河ドラマ観光と「場所」—— 41
3. アニメ聖地巡礼と「場所」—— 51
4. 新しい「場所」観からまちづくりへ —— 63

目次　*I*

第4章 現実空間のコンテクスト転換
　　　──リノベーション／テーマ化／景観／地域ブランド ── 66
　　1．はじめに──人口減少時代とリノベーションまちづくり ── 66
　　2．背景となる流れ ── 67
　　3．リノベーションまちづくり ── 82
　　4．リノベーションまちづくりとコンテクスト転換 ── 97

第5章 データベース消費とコンテクスト転換 ── 99
　　1．はじめに ── 99
　　2．アニメ聖地巡礼は「観光のまなざし」ではないのか ── 99
　　3．まちづくりは「場所のコンテクスト転換」の時代へ ── 104
　　4．〈場所とつながる〉から〈場所でつながる〉へ ── 112

【 セクションⅢ 】
場所でつながる

第6章 人はなぜ場所に集まるのか
　　　──都市空間とコミュニティカフェ ── 114
　　1．コミュニティか、集まりの場か ── 114
　　2．コミュニティカフェは「コミュニティ」を再生しているのか ── 122
　　3．コミュニティカフェの場所の意味づけ ── 131
　　4．媒介的な空間として ── 139

第7章 境界を越えるつながり
　　　——コワーキングスペースとアートまちづくり —— *141*

1. はじめに—— 場所で出会うこと —— *141*
2. コワーキングスペースと「場所」 —— *143*
3. 創造的地域づくりと「場所」 —— *155*
4. 〈場所でつながる〉ために〈場所とつながる〉 —— *170*

第8章 媒介的空間と創造都市 —— *171*

1. はじめに—— まだ残る疑問 —— *171*
2. 別世界との接触とは何か —— *172*
3. クリエイティブな人材はなぜ場所に集まるのか —— *183*
4. そして〈場所とつながる〉へ —— *189*

終章 モビリティ時代のクリエイティブなまちづくり —— *191*

1. これまでの議論を振り返って —— *191*
2. 「まちづくり」観念の再構築 —— *192*
3. まちづくりの未来に対する新たな視座 —— *193*

参考文献 —— *200*
索引 —— *208*

【 セクション1 】
これからの時代の場所とは

第 1 章
まちづくりと場所

1 ・ まちづくりにとって場所とは

1.1. 神山町のまちづくり

　徳島県の山奥に、神山町という人口6000人ほどの小さな町がある。2016年3月、この過疎の町に消費者庁長官を含む職員10名が4日間滞在して勤務するという前代未聞の出来事が起こった。「地方創生」を掲げる安倍政権は中央省庁の地方移転実験を進めているが、その一環としてインターネット高速回線が整備された神山町が消費者庁の「お試し移転」の対象先として選ばれたのである。

　なぜ、この過疎の小さな町が選ばれたのであろうか。実は、神山町は最近、都市部のIT企業などが続々とサテライトオフィスを設けていることで全国的に知られるようになった。町内には16社のサテライトオフィスがあり（2016年9月現在）、各社の社員は高速回線が整備された充実したネット環境の下、東京本社などと緊密な連携をとりながら滞りなく業務を進めている。

　もともと神山町は、「アーティスト・イン・レジデンス」という、芸術家を招待して作品づくりをしてもらう町おこし事業を長年行ってきた。そのおかげで、多くの芸術家が町内に移住してきたが、それがきっかけとなって移住希望者が急増、続々と起業家が集まるようになった。こうした多彩な人間が集まる場所の吸引力に魅せられて、情報に敏感なIT企業を中心に、神山町にサテライトオフィスを設ける企業が続出するようになったのだ。

　神山町には、プログラム開発、Webデザイン、グラフィックデザイン、4K8K高画質映像編集などを手がけるIT企業がサテライトオフィスを設けているが、それだけではない。フランス料理店、オーダーメイド靴屋、カフェ、パン屋などを開業する起業家や職人なども集まりつつある。2010

図1-1 神山バレー・サテライトオフィス・コンプレックス

出典）http://www.in-kamiyama.jp/kvsoc/

年には起業家育成機関として「神山塾」が開講した。さらに2013年には起業家同士の交流からイノベーションの創出を目指す、オープンなシェアオフィス空間「神山バレー・サテライトオフィス・コンプレックス」が開設された（図1-1）。

2015年5月、アメリカのワシントンポスト紙は神山町を「日本のポートランドのような場所」と紹介した[1]。ポートランドはアメリカ西海岸のオレゴン州に位置する人口62万人の都市である。

その特徴のひとつは、アメリカ有数の起業カルチャーである。起業支援施設が充実し、ベンチャーキャピタルによる投資も盛んで、ランチレクチャーやネットワークイベントなど、起業関連のさまざまなアクター同士の出会いや交流を促すイベントも毎日のように開催されている[2]。ポートランドという「場所」が多彩な起業家を引き寄せ、その起業家たちが生み出すカルチャーがさらに場所の魅力を高めている。

神山町は、こうしたポートランドのような魅力を発しつつあると見られているのである。繰り返しになるが、神山町は徳島市から車で50分ほどの山間部に位置する、いわゆる過疎の町である。特産品はスダチやウメ、フキなどの農産物であり、高齢化率は49％にもなる。こうした典型的な高齢化の町が、ここにきて突然、さまざまな企業や起業家、芸術家たちを引き

1：NPO法人グリーンバレー・信時正人『神山プロジェクトという可能性―地域創生、循環の未来について』廣済堂出版、2016、p.29.
2：山崎満広『ポートランド―世界で一番住みたい街をつくる』学芸出版社、2016、pp.166-167.

寄せているのである。神山町という「場所」そのものが、それまでなかった"磁場"を形成し始めたといえよう。

　本書では、このような「場所」という観点からまちづくりを捉え返していきたい。そのうえで、これからの時代のまちづくりにおいて、「場所」がどのような意義をもつのか考えたいのだ。

1.2.「まちづくり」と「場所」との関係とは

　では、「場所」という観点からまちづくりを捉え返すとは、何を意味しているのだろうか。ここでは、次の2つの意味を想定している。ひとつは、リアルな場所を"媒介"に何らかの社会関係や相互作用が生成される側面に注目したい。たとえば、先の神山町のケースのように、「神山町」を"舞台"として対面的な情報交換やアイディアの相互触発、暗黙知の共有などが行われる。これを「場所でつながる」と表現しよう。

　もうひとつは、居住者や旅行者が"ある場所との関係"を形成する側面に注目する。これは単に物理的にその場所に赴くということにとどまらず、その物理的移動を支える想像的な次元も含む。たとえば、あるアニメファンにとって特定の神社や建物が"聖地"として意味づけられることがある。この側面を「場所とつながる」と表現しよう。

　本書では、「場所でつながる」と「場所とつながる」という2つの観点から、いくつかのまちづくりの取り組みについて考察を加えていく。もちろん、すべてのまちづくりがこの観点からすっきりと理解できるわけではない。また、取り上げるまちづくりのすべてが、「場所でつながる」か「場所とつながる」かのどちらかに截然と区分されるわけでもない。たとえば、「場所とつながる」ことを媒介に「場所でつながる」ことが可能になるケースは少なくない。要するに、両者はあくまでも相対的な基準にすぎず、どこに照準を定めるかの違いである。それらの留意点を踏まえたうえで、以下では具体的な事例に触れてみたい。

1.3."場所でつながる"まちづくり

　"場所でつながる"まちづくりの典型としては、近年注目されている「コミュニティカフェ」が挙げられよう。コミュニティカフェとは、通常のカ

フェや喫茶店とは異なり、他の客や店の人と交流したり情報交換したりすることを目的とする「まちのたまり場」である。地域で高齢者や子育て中の母親たちが"おしゃべり"するために集まる場もあれば、趣味やライフスタイルの似た者同士が居場所を求めて気軽に集まる場もある。

　近年、地域のなかでこうした「場所」を求める声が高まっている。全国の各自治体も、たとえば横浜市の「ヨコハマ市民まち普請事業」や世田谷区の「地域共生のいえづくり支援事業[3]」など、直接・間接にコミュニティカフェ設立を支援するような施策を展開している。2009年には「コミュニティカフェ全国連絡会」も立ち上がった。それだけ、「場所」を媒介とした交流空間が地域で求められるようになっているのであろう。

　他方で、都市部では近年、コワーキングスペースの増加が著しい。この5～6年で東京や大阪、名古屋といった大都市を中心に全国で400箇所以上開設されている。コワーキングスペースとは、webデザイナーや編集者、スタートアップ企業の社員、建築家、トラベルライターなど、さまざまな専門性やバックグラウンドをもつ利用者が、同じ空間をシェアしながら仕事を行う場である。異なる分野、職種の人が空間共有をすることによって、これまでの組織内コミュニケーションでは生まれないようなイノベーションやアイディアの創発を生み出すことを大きな意義や目的としている。ここでも、「場所」を媒介とした対面的な相互作用が生み出す力に注目が集まっているのである。

　多様なバックグラウンドをもつ人びとが集積することで、大きな創造的な成果を生み出そうとする同様の取り組みとしては、先の神山町もそうであるが、アートを媒介としたまちづくり（以下、アートまちづくり）が挙げられる。「トリエンナーレ／ビエンナーレ」などのアートイベントや、芸術家を招聘して作品づくりを行う「アーティスト・イン・レジデンス」に取り組む自治体が2000年代以降、急増している。総務省も、芸術家などの創造的人材を地域に惹きつけ、その定住や交流を通して知的付加価値を創出することを地域振興の柱のひとつとする方針を打ち出した[4]。

3：この事業を展開しているのは、一般財団法人世田谷トラストまちづくりである。http://www.setagayatm.or.jp/trust/support/ie_system/
4：総務省地域力創造グループ地域自立応援課『創造的人材の定住・交流の促進に向けた事例調査』総務省, 2012.

以上のように、近年、場所を媒介としたインタラクションが生み出すネットワーク形成、知的価値、イノベーションに注目したまちづくりが増えつつある。その形態はさまざまであるが、共通するのはリアルな空間共有、あるいはフェイス・トゥー・フェイスの相互作用の活用である。

1.4．"場所とつながる"まちづくり

他方で、"場所とつながる"ことを活用したまちづくりも増えている。最近、地域活性化策として「アニメ聖地巡礼」が全国の自治体に注目されている。これは、作品の舞台となった場所や地域にファンが訪れるコンテンツツーリズムの一種である。たとえば、2007年のアニメ『らき☆すた』の放映をきっかけに、舞台となった埼玉県久喜市の鷲宮神社の初詣客は12万人（2007年）から42万人（2009年）へと急増した。近年では、2009年にテレビ・アニメ『戦国BASARA』とタイアップして商品開発に取り組んだ宮城県を筆頭に、全国の自治体がこぞって「アニメ聖地巡礼」を軸とする観光振興に取り組むようになっている。

このアニメ聖地巡礼では、「アニメ作品の世界観」というフィルターを通して、特定の場所や地域に関心が高まっている。また、こうした直接的なメディア作品を経由しないとしても、何らかの視覚的"編集"を媒介として場所とのつながりを深めることを活用したまちづくりが増えている。それは、「景観づくり」を通じて地域居住者や観光客を惹きつけようとする「景観まちづくり」もそうであるし、また空き家や古民家の創造的修繕を通じて新たな地域イメージをつくり出そうする「リノベーションまちづくり」もそうである。

人口減少時代を迎え、わが国では2013年に空き家数が800万件に達し、空き家増加による地域荒廃、空き店舗の連鎖的増加による市街地空洞化が深刻化しつつある。こうしたなか、空き家や空きビルといった既存ストックを有効活用して"再生"させる「リノベーションまちづくり」が注目されている。

たとえば、かつては繊維問屋街として栄えた東日本橋、馬喰町界隈は、2000年頃から老朽化した空きビルが大量に集積するようになった結果、空洞化の様相を強めていた。ところが、空きビルをリノベーションするまち

づくりを進めた結果、最近ではそれまでオフィス街や下町のイメージが強かったこの一帯が、アートやデザイン、ファッションの情報発信拠点となりつつある。まちづくりを通じて地域のイメージが変わり、"場所とのつながり方"が大きく転換したのである。

2・無意識の前提を疑う

このように本書では、〈場所でつながる〉と〈場所とつながる〉を軸としてまちづくりについて考えていくのだが、その際に私たちが無意識に置いてしまういくつかの前提からあらかじめ距離を取っておきたい。

2.1. "場所でつながる"に対する無意識の前提

私たちは、「場所」について考える際に、それを無意識のうちに「コミュニティ」に結びつけてしまいがちである。典型的なのが「コミュニティカフェ」の捉え方である。端的にいうと、コミュニティカフェという"場所"で生ずる相互作用は、「地域コミュニティの再生」や「地域の絆の回復」といった視点から捉えられがちなのである。

しかし、社会学者のジェラード・デランティやジョン・アーリの研究が明らかにしているように、現代社会において「コミュニティ」は必ずしも「場所」や地理的近接性を前提にしているわけではない——ヴァーチャル・コミュニティやエスニック・コミュニティ、宗教的コミュニティに典型的なように[5]。にもかかわらず、「場所」と「コミュニティ」の結びつきを"自然"であると見てしまうのは、地理的・メディア的移動性が高まる以前、長らくコミュニティが場所と一体化してきたからである。

それだけではない。「場所」での空間的共在を、安易に「コミュニティ」や「相互扶助」に結びつける見方は、近年の社会的不安を反映している側面もある。2007年には上野千鶴子の『おひとりさまの老後』(法研, 2007) がベストセラーとなった。2010年にはNHKスペシャル『無縁社会～"無縁死" 3万2千人の衝撃～』が放映され、「無縁社会」は2010年の

---

[5]：ジェラード・デランティ／山之内靖・伊藤茂訳『コミュニティ―グローバル化と社会理論の変容』NTT出版, 2006, pp.270-272 ／ジョン・アーリ／吉原直樹監訳『社会を越える社会学―移動・環境・シチズンシップ』法政大学出版局, 2006, pp.234-236。

流行語大賞にノミネートされた。これらの一連の流れには、未婚率や単身世帯比率、離婚率の上昇、終身雇用制度の崩壊と非正規雇用の増加などを背景とする、孤立や人間関係に対する不安感の高まりが影響している。

こうした社会的な不安感の"受け皿"として、近年、地域関係の再生に熱い眼差しが注がれている[6]。そして、こうしたストーリーにすっぽりとはめ込まれる形で、「コミュニティカフェ」をはじめとする"場所を媒介とする交流"は「コミュニティ再生」の期待を担うことになったのだ。

こうして無意識のうちに「場所」を「コミュニティ」に結びつけて捉えてしまう傾向が生まれているのだが、そのために「場所でつながる」現象をきわめて狭い意味で捉えてしまう弊害が生まれている。たとえば、先述したコワーキングスペースで生起する相互作用や、神山町のようなアートまちづくりで生ずる創造的人材同士の創発的交流は、いずれも「場所」を媒介としている。にもかかわらず、それらは「相互扶助」や「帰属意識」という意味でのコミュニティとは異なるため、「場所でつながること」とは無縁の現象と見なされてしまいがちなのである。

それだけではない。場所をコミュニティに結びつけて捉える見方は、暗黙のうちに「場所−コミュニティ」と「消費」を対立的に見る傾向がある。というのも、元来「コミュニティ」と「消費」というのは相性が悪いからである。社会学でいう「個人化」は、もともと家族コミュニティや地域コミュニティで担ってきた子育てや教育、相互扶助や介護といったさまざまな機能を、市場や公的サービスへ外部化することによって進展してきた。したがって、その意味においては「コミュニティ」と「消費」はトレードオフの関係にあるのだ。

そのため、先の「場所−コミュニティ」の接合関係を媒介に、私たちは無意識のうちに「場所」と「消費」を対立的に捉えてしまう。「温かな関係を育てる場所的な共在」と「むき出しの欲望によってコミュニティを崩壊させる消費」という具合に。

こうした暗黙の前提があるため、あれほどショッピングモールには多くの人びとが集まり、場所的な共在が実現されているというのに、コミュニティカフェほど「場所」的な関心をもたれることはない。むしろ、地域コ

[6]：石田光規『孤立の社会学—無縁社会の処方箋』勁草書房, 2011, pp.183-184.

ミュニティを崩壊させた「消費の殿堂」として、もっぱら批判の的にされるのが常である。しかし、曇りのない目で見てみれば、ショッピングモールもコミュニティカフェも、そしてコワーキングスペースも、「場所でつながる」という意味においては、同じ土俵で議論すべき対象のはずである。

2.2. "場所とつながる"に対する無意識の前提

　場所と消費を対立的に捉えてしまう同様の無意識的前提は、景観に対する見方にも浸潤している。景観まちづくりに関する議論には、しばしば"オーセンティシティ（真正性）"をめぐる本質主義的な見方が入り込んできた。たとえば「生活に根ざした景観」や「コミュニティのなかで歴史的に生成された景観」などの見方は、それ以外の景観に対する差別化を暗に招いていることもある。

　その際によく用いられる二項対立は「自然発生的／人為的」、あるいは「コミュニティ／消費」である。——場所に根ざした形で自然発生的に形成される景観は"良い"が、都市計画家や景観デザイナーが人為的にデザインする景観は"良くない"云々。とりわけ、商業開発やレジャー開発にともなう「テーマパーク的デザイン（テーマ化）」は、もっぱら批判の対象とされてきた。つまり、「景観」の問題として同じ土俵で議論されることはほとんどなかったのである。

　近年では、ショッピングモールや都市型商業施設、さらには空港やステーションビルなど多くの場所にディズニーランドのような人為的景観が広がっている。こうした非日常的な景観を批判するときに、しばしば「その場所が育んできた歴史的積層から離脱している」と評される。しかし、歴史の長さというのは相対的なものである。「テーマパーク的デザイン」にせよ「歴史的な景観」にせよ、人間が手を加えて人為的に"編集"してきたことに変わりはない。

　その意味では、どのような景観であれ、それを媒介に人びとがその場所とつながりを築いている以上、同じ土俵で議論することが必要とされる。したがって本書では、景観まちづくりも、リノベーションまちづくりも、そしてテーマ化やアニメ聖地巡礼も、偏見なく考察の対象とすべきという立場をとりたい。

3・本書の目的と構成

　先に挙げたようないくつかのまちづくりでは、これまでとは異なる形で「場所」の意義を引き出し、うまく活用している。本書の目的は、こうしたまちづくりの取り組みにおいて見られる、新たな「場所」観を明らかにすることにある。視点を変えていえば、近年のまちづくりの取り組みを手掛かりに、現代社会において「場所」が新たに帯びつつある意義を理解することが本書の目的となる。

　本書で取り上げるまちづくりの取り組みの多くは、何らかの形で注目され、一定程度の成果を上げているケースが多いが、それは「場所」をうまく活用し、その新たな意義を引き出していることによる部分が少なくない。したがって、こうした新たな「場所」の捉え方を理解しておくことは、今後のまちづくりの取り組みを実りあるものにしていくうえでも、決して無駄にはならないはずである。

　本書の構成は次のようになる。大きくは3つのセクションに分かれる。
　セクションⅠは、この章も含めて、本書全体の見取り図となっている。第2章では、これからの時代になぜ「場所」という視点から〈まちづくり〉を捉える必要があるのか考える。そのことによって、本書全体の基本的なスタンスを明確にすることが目的となる。

　セクションⅡとセクションⅢでは、具体的なまちづくりの取り組みを実際に検討していく。

　セクションⅡでは"場所とつながる"まちづくりを取り上げる。具体的には、大河ドラマとアニメ聖地巡礼を比較しながら、アニメ聖地巡礼では新たな「場所」観が生まれていることを指摘する（第3章）。そして、そうした「場所」観が、全く領域の異なる取り組み、すなわち空き家問題対策として注目されている「リノベーションまちづくり」においても活かされていることが議論される（第4章）。

　セクションⅢでは、今度は"場所でつながる"まちづくりに焦点を当てる。第6章では、コミュニティカフェの取り組みを事例として、人びとが「コミュニティ形成」以外の目的で「場所」に集まっている様相について考える。さらに第7章では、都市部のコワーキングスペースや過疎地域の

神山町のまちづくりを取り上げ、両者ともにクリエイティブな人材や情報の集積を図る基盤として「場所」を活用している様相が明らかにされる。

　セクションⅡとセクションⅢのそれぞれの末尾の章では、セクションのまとめとして理論的な考察が行われる（第5章および第8章）。ただし、理論的な話があまり好みではない読者は、これらの章は飛ばし、具体的事例に関する他の章の議論に参加していただきたい。

第2章
モビリティ時代と場所

1・はじめに―グローバル時代と場所

　本章では、これからの時代になぜ「場所」という視点から〈まちづくり〉を捉える必要があるのかを考えてみたい。次章以降では、具体的にさまざまなまちづくりの取り組みを取り上げていくが、それらを理解するための本書の基本的なスタンスをここで整理しておこう。

　そのため本章は、社会学を中心としたやや理論的な話に偏った展開になるので、そういった類の話があまり好みではない読者は、この章は飛ばして次章以降の議論に参加していただきたい。

　本章では、「場所」の意義を、グローバル化という大きな社会変動の文脈に置き直して捉え返す作業を行う。そのために、つぎの2つのステップを踏みたい。

　第一に、グローバル化が進む時代において、私たちの社会関係は「場所」とどういう関連性をもつようになっているのか考える。たとえば、昔は、親しい人とは直接会い、その関係を深めることが重要であった。しかし、現代では親しい人とSNSなど情報通信機器でコミュニケーションをとる機会が飛躍的に増えた。では、その結果"物理的に場所を共有して会うこと"はどういう意味をもつようになったのだろうか。このような観点から考察を進める。

　第二に、グローバル化の時代に、もし「場所」が新たな意義を持ち始めているのだとすれば、それはどういうことか考えたい。「場所」という言葉は、まちづくりの研究でもそれ以外の分野でも、これまでは歴史的な記憶や郷土愛など、そこに暮らす人の主観的な想いや経験に結びつけて捉えられることが多かった。本書では、こうした「場所」の捉え方からはやや距離を置くスタンスをとる。そして、新しい社会変動が進む時代における「場所」の新たな可能性を探究する。

結論を先回りしていえば、「場所」の新たな意義は次の2つの観点から見出される。ひとつは、コミュニケーション理論の観点から、私たちのリアリティを規定する文脈自体を転換する"契機"として、「場所」が重要な意味を持ち始めていることが注目される。たとえば、リアルな情景が突然、記憶のなかの「映画のワンシーン」に変わるように。

　もうひとつは、ネットワーク理論の観点から、異なる領域間の情報やアイディアの"橋渡し"を可能にする役割を「場所」が担い始めている点が注目される。第1章で挙げた神山町の事例のように、特定の場所にさまざまな人が集まることは、実は情報交換を通じた創発的な成果の生成につながっていることが、理論的に探究されることになる。

2・グローバル化の時代

2.1. シェア社会のもたらす新たな世界

シェアを手掛かりに

　近年、さまざまな分野で「シェア」が広まっている。たとえば、カーシェアリングや自転車シェアリングなどのモノのシェアから、シェアハウスやシェアオフィス、コワーキングスペースなどの場所のシェアまで、そのかたちはさまざまである。これまでなら共有しなかったようなモノや場所を、他人と共同で利用するスタイルが普及しつつある。

　そのひとつに「コレクティブハウス」という住まいのシェアがある[1]。複数の世帯が共同住宅で一緒に住みながらリビングなどを共有する点はシェアハウスと似ているが、食事の準備や子育ても居住者同士でシェアする点がコレクティブハウスの特徴である。その中心となる活動はコモンミールである。コモンミールとは、居住者の食事を当番制で担当して食事時間を共有する仕組みである。食事をともにするために自然とコミュニケーションが密になり、家族の境界を越えた交流が盛んになる。

　子育て中の親にとっても、自分が忙しいときに誰かが子どもの面倒を見てくれるため、とても助かるという。集団で生活するために、自分の子ど

1：コレクティブハウスかんかん森居住者組合森の風編『これが、コレクティブハウスだ！―コレクティブハウスかんかん森の12年』ドメス出版, 2014.

もだけを見るのではなく、つねに他の家族の子どもへの影響を意識する必要もでてくる。その結果、「親も子どもも、家族の中で完結せずに、多様な考え方や社会性に触れることができる」という[2]。この住まいのシェアは、既存の核家族の境界を流動化させ、「家族」という"枠"を越えた交流や関係形成を促しているのだ。

　また、2010年頃から大都市を中心に「コワーキングスペース」と呼ばれる場所が急増している（図2-1）。コワーキングスペースとは、さまざまな職業や仕事に就く人たちが集まって、仕事場を共有するスペースのことである[3]。施設や空間の共有に力点を置く「シェアオフィス」に対して、「コワーキングスペース」はそこに集う利用者同士のコミュニケーションやコラボレーションを特徴とする。その数は世界的にも7,800箇所を超えているが（2015年現在）[4]、国内でも東京と大阪を中心に少なくとも400箇所以上のスペースが運営されている[5]。

　コワーキングスペースには、webデザイナーや編集者、スタートアップ企業の社員、建築家、トラベルライターなど、さまざまな専門性やバックグラウンドをもつ利用者が集まっている。そのため、日常的なコミュニケーションを通して、異なる分野同士のアイディアやプランが創造的なプロジェクトに結びついたり、これまでなかったようなコラボレーションが生

図2-1　コワーキングスペース

出典）オオサカンスペースのコワーキングイメージ2 by ec_osaki(Flickrより)

2：篠原聡子・空間研究所・アサツーディ・ケイ『多縁社会』東洋経済新報社, 2015, p.110.
3：佐谷恭・中谷健一・藤木穣『つながりの仕事術—「コワーキング」を始めよう』洋泉社, 2012.
4：http://www.becowo.com/infographie-becowo-coworking/
5：たとえば、コワーキングスペースの検索サイト「ココポ」掲載の件数は437件（2016年5月現在）。http://co-co-po.com/

まれたりすることも珍しくない。

　コワーキングスペースは、これまでなら会社という組織ごとに分断されていた仕事空間をシェアすることにより、企業や職域といった既存の「組織」や「領域」の境界を越えた情報交換や相互作用を促している。それは単に人と人とのネットワークを脱領域的に再構築しているだけでなく、アイディアや情報が流通する圏域を流動的に拡大しているのだ。

　ここまで「シェア」という動きを手掛かりに、現代社会のさまざま局面で、既存の領域や組織、集団を超えたつながりや情報交換が生まれている実態に触れてきた。以下では、このシェアの広がりを、「情報のオープン化」という、少し異なる角度から捉えてみよう。

情報のオープン化を手掛かりに

　近年、さまざまな分野で情報のオープン化が進んでいる[6]。「情報のオープン化」とは、これまでなら組織や集団が内部に抱え込み外部からアクセスするのは困難であったような情報を公開して、さまざまな主体が利用可能な仕組みにすることを指す。その典型として、企業間の情報公開を意味する「オープンイノベーション」や、公共のデータの公開を意味する「オープンガバメント」がある。

　オリンパスが2015年に発売した「OLYMPUS AIR」というカメラがある。このカメラのコンセプトは「オープンプラットフォームカメラ」である。この製品のカメラコントロール技術やボディの3Dデータは一般に公開されており、ユーザーやクリエーターが新しい操作アプリやアクセサリーを自由に開発できるようになっている。このように、近年ではビジネスの領域でも、企業が特許や自社内の資源をオープン化し、他社やユーザーとのコラボレーションに基づく製品開発を行う機会、すなわちオープンイノベーションが急増している。

　行政の分野でも、これまで考えられなかったような公共団体と企業・NPOとの連携が生まれている。福井県には鯖江市という、眼鏡フレーム生産が日本一の自治体がある。この鯖江市は近年、世界的な潮流となって

6：田所承己「情報のオープン化と境界を越えるつながり」田所承己・菅野博史編『つながりをリノベーションする時代—〈買わない〉〈恋愛しない〉〈働けない〉若者たちの社会学』弘文堂、2016、pp.126-148。

いる公共データの公開に基づく「オープンガバメント」の、日本における先進的な事例として注目されている。

鯖江市は、市内のバス停やAEDの設置場所などの公共データをXML形式で公開しており、起業家たちは、これらのデータを活用してアプリを作成している。たとえば、公衆トイレの位置情報データを活用した「モバイルトイレナビ（鯖江版）」というアプリは、現在地から公衆トイレまでのルートを示してくれるサービスとして利用されている。

このように、近年では「情報のオープン化」が各分野で進むことによって、組織や行政の境界を越えてさまざまなデータや情報が流通するようになっており、それをきっかけとして新たなイノベーションやプロジェクトが次々と生まれている。

以上のように、モノのシェアや場所のシェア、さらには情報のシェアをもたらす「情報のオープン化」の取り組みが盛んになっている。そしてこれらの動きの多くは、それまで自明とされてきたような組織・集団の境界、業界や分野の境目、さらには国境や文化、宗教の壁を越えたネットワークや情報流通を加速度的に増加させつつある。こうした動きは、社会全体の変動という視点からみると、どのように捉えることができるのだろうか。以下ではその点を掘り下げておきたい。

2.2. 領域ベースの社会モデルを越えて
グローバル化と領域型社会

「シェア」や「情報のオープン化」の事例が示唆しているものは何であろうか。いわゆる「グローバリゼーション」と呼ばれる現象の一端であろうか。

たしかに近年では、ビジネス上の取引やコミュニケーションは日々国境を越えて営まれている。金融システムはむしろ国境を無効化しつつある。移民や難民にとどまらず、ビジネスパーソンは都市から都市へとグローバルに移動するのが日常になっている。人の移動の爆発的増加にともなって、疫病やウィルスは瞬く間に世界中に広がり、パンデミックのリスクを高めている。文化産業が国内市場を対象としていたのはかつての話で、今日では音楽、テレビ番組、映画などさまざまな文化コンテンツがナショナルな

境界を越えて享受されている。

しかし、先に紹介した「シェア」の事例群が示唆しているのは、単に国境を越えた社会関係の増加にとどまらない。たとえば、大学と行政とのコラボレーションによる地域おこし、玩具メーカーと生物学者の共同事業、食品メーカーとゴミ回収業者による共同福祉事業、町内会青年部と子育て系NPOの協働による飲食店経営、通常の家族の枠を越えて共同で生活するコレクティブハウスなどは、異なる分野、異なるタイプの集団や組織の境界を越えた連携や情報流通（＝社会関係）である。したがって今日、グローバル化という社会変動が含んでいるのは、単に国境の相対化ではなく、社会の成り立ちそのものの変動なのである。

こうしたグローバル化の影響を的確に捉えるためには、近代社会の成り立ちを理解しておくことが助けになる。もともと近代に成立した国民国家は、ギリシアの都市国家の考え方を継承している。それは、一定の人口集団を、領土に根ざしたコミュニティのメンバーとして結びつけるという前提に他ならない。近代国家の考え方では、「国民」と「国家」を「領土」という同一の境界を有するものとして扱ったうえで、「社会」がそれに一致するものとして重ねられている。

もともと「社会関係」というのは、国境の枠内にとどまるものではなく、社会学者のゲオルク・ジンメルが描き出したように縦横無尽に広がっていく性格をもつ[7]。だが、この「国民国家社会」というモデルでは、国家の枠内に社会を無理矢理押し込めることによって、国家と社会の統一体を"理念上"想定しているのだ。

この社会観を推し進めるうえで導入されたのが、「機能分化」という考え方に他ならない。それは次のようなものである。

> 社会はいくつもの独立の制度分野に分かれるか、あるいは（中略）いくつもの機能的領域もしくは生活圏域に分かれる。これら諸領域は、各分野が「発展の論理」にしたがうことで相互に分離し隔絶している[8]。

---

[7]：ゲオルク・ジンメル／酒田健一他訳『橋と扉』白水社、1998.
[8]：ウルリッヒ・ベック／木前利秋・中村健吾監訳『グローバル化の社会学』国文社、2005, p.205.

これは分かりやすくいえば、法律、経済、政治、教育、あるいは家族、地域、エスニック集団など、相互に整合的に配列された各領域、各集団によって社会は構成されているというイメージである。そして、社会成員は、階層構造的に分かれた領域や集団に配置され、社会関係はこの領域内部で完結的に営まれているとされる。

　社会学者のマーティン・オルブロウは、この国民国家社会の空間的イメージを、「家族はつねに包摂的な地域コミュニティに取り込まれており、コミュニティは互いに隙間なく隣接している」と描き出す（図2-2）。それに対してグローバル社会では、「あらゆる種類のアソシエーションの領域が重複し、互いに入り組みあっており、個々人が社会の内部にとどまっているばかりでなくその境界や隙間も横断する」[9]（図2-3）。

　「国民国家-機能分化」型の社会モデルでは、隙間なく階層構造的に構成された組織や集団、領域のなかで社会関係は生起すると見なされる。もちろん、フランスなどで見られる、離婚したあとも元夫婦の家を子どもが自由に訪問する「複合家族」のように[10]、社会関係は実際には既存の集団や領域に収まりきらない流動性や柔軟性をもつ。しかし、少なくとも国民国家社会のモデルでは、それらの社会関係は単なる"残余的現象"、あるいは"個人的要素"として処理されてきたのである。

　オルブロウによれば、社会関係を「機能分化」モデルに適合させて理解

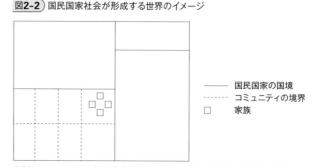

図2-2 国民国家社会が形成する世界のイメージ

出典）マーティン・オルブロウ『グローバル時代の社会学』日本経済評論社、2001, p.48.

9：マーティン・オルブロウ／佐藤康行・内田健訳『グローバル時代の社会学』日本経済評論社、2001, p.50.
10：浅野素女『フランス家族事情—男と女と子どもの風景』岩波書店、1995.

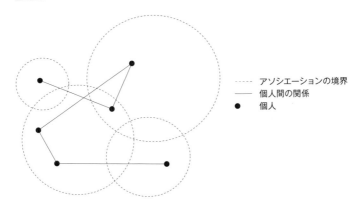

図2-3 アソシエーションが形成するグローバル空間のイメージ

出典）マーティン・オルブロウ『グローバル時代の社会学』日本経済評論社，2001, p.49.

するためのひとつの視点が「役割理論」であった。このモデルでは、社会学者のタルコット・パーソンズの理論に典型的なように、「規範の内面化」を媒介にして社会関係は「機能的領域」内部に収まるように操作される——母親という役割規範を内面化した態度・行いや、教師という職業的規範を内面化した振る舞いなどのように。その定義に収まらない活動は「逸脱」と見なされる[11]——「母親」で「教師」なのに世界的なLGBT組織のリーダーとして日々世界中の都市を飛び回り、さまざまな立場や職業の人と交渉するなど。このような考え方によって、社会関係は各領域内部に整合的に収まるのが"常態"であると見なされてきたのである。

しかし、グローバル化によって、こうした「機能分化」という考え方が相対化されつつある。なぜなら、グローバル化によって、国民国家の領土内を越え、機能分化した領域や集団の境界を越えていく社会関係が噴出するようになったからである。これまでのように、社会関係をその境界内に制限することが不可能になってきたのだ。

グローバル化と場所

また、グローバル化は「社会関係と場所との結びつき」を相対化しつつ

11：マーティン・オルブロウ／会田彰・佐藤康行訳『グローバル時代の歴史社会論』日本経済評論社，2000, p.266.

ある。すでに述べたように、近代の社会モデルでは、社会関係は領土や地域などの特定の場所に結びつけて捉えられてきた。国民国家、コミュニティ、都市などはすべて領土的な単位として理解されてきたし、個人のアイデンティティやルーツも領土的な視点で把握されることが多かった。

しかし、オルブロウによれば、一般的なイメージとは異なり、地理的な移動の少ない時代から、社会関係は場所的な近接性に必ずしも依存していなかった。「場所と社会関係の結びつき」がどの程度強いかは、社会によっても、あるいは当該社会内の階級や集団によっても異なっていた。たとえば、欧州の封建諸侯や中国の官吏は移動性が高く、農奴や小作農は生涯ひとつの場所に縛り付けられていた[12]。

グローバル化は、情報通信技術や移動交通技術、グローバルな金融システムやメディア・コミュニケーションシステムの発達をともなう。こうしたテクノロジーは、国境を横断し、都市間を縦横無尽に往復する社会関係の劇的な増加を支えた。

とはいえ、このことは、私たちが場所への結びつきから解放されたことを意味するわけではない。場所との関わり方がこれまでよりも多様化したのだ。ある人にとっての場所は、全人格的で濃密な関係を築く"舞台"となっているかもしれない。だが、別の人にとっての場所は、職場と空港を往復するなかで就寝のためにたまに立ち寄る"給油所"のようなものにすぎないのかもしれない。

ローカルな現場に目を向けると、そこには互いに日常生活の文脈が全く不明であるような人びとが、同一空間を共有していることが分かる。同じマンション、同じ通りに住んでいながら、全く異なるライフスタイルや家計を営んでいることも珍しくない。それぞれが、別々の異なる社会関係を生きており、相互に干渉することはないが、コンビニのレジ前やコインランドリーの待機スペースでは、一時的に交差する生活を営んでいる。

こうした場所のあり方は、「地域のなかで機能的に統合されたコミュニティ」という伝統的なイメージとは全く異なるものである。しかしだからといって、こうした場所との関わりの多様性を、「地域社会の秩序崩壊」や「コミュニティの空洞化」などと表面的に解釈することはできない。

12：前掲書[9]**オルブロウ**(2001), p.183.

したがって、私たちはグローバル化のなかで、「場所」という概念を再定義する必要がある。国境や領域間の境界を越える社会関係が多元的に交差するなかで、「場所」はどのような意味を持ち始めているのであろうか。

モビリティ・パラダイム

社会学者のジョン・アーリは、こうしたグローバル化による領域型社会モデルの機能不全に対して、「モビリティ（移動性）」という観点から新たなモデルを構築しようと試みている。それは「現前」と「不在」の絡み合いによって社会関係を捉えるモデルであり、「モビリティ・パラダイム」と呼ばれる。

従来の社会科学は、社会関係のデフォルト形態を「近くにいること（＝現前）」と考えてきた。しかし、アーリによれば「人とのつながりや社会的な集まりの多くは、近くにいることに基づいたものではない」[13]とされる。

たとえば、ほとんどのやりとりを電話やメールで行いながら、年に数回程度対面的に会うだけで維持される社会関係がある。あるいは、実際には一度も会わないが、バーチャルな空間で親密で深い関係を築くことが可能なコミュニティが形成されることもある。また、ケーブルテレビを通じた宗教的集会のように、テレビ画面を通じたイメージだけで一体感をもつことが可能な想像上の共同体や、つながりも珍しくない。

したがって、今日では社会生活のプロセスは、次の5つの相互に依存し合った「移動」によって支えられている。それは、「身体の移動」、「モノの移動」、「マスメディア上のイメージを通して行われる想像上の移動」、「オンラインのバーチャルな移動」、そして「電話やメールなどの通信による移動」である[14]。こうした移動は、距離を隔てた社会的なつながりをさまざまな形で作り出しており、それは状況に応じて維持されたり維持されなかったりする。

こうした距離を隔てた社会関係の存在を強調することは、なにも対面的な関係の重要性を否定するものではない。むしろ、社会関係が「現前」の

13：ジョン・アーリ／吉原直樹・伊藤嘉高訳『モビリティーズ—移動の社会学』作品社、2015, p.75.
14：前掲書[13]アーリ(2015), p.76.

関係を含みながらも、それを越えて空間的にも時間的にも多彩なつながりを複雑に組み合わせながら形成されていることに注意を向けるものである。

このような視点は、「現前」の相互作用を"絶対視"する領域型社会モデルが陥りがちな罠を抜け出す手掛かりを与えてくれる。一見すると、社会関係が家族やコミュニティという「現前性」に支配されているように見えながら、それらの境界を越えるさまざまな移動——海外都市への月2回の出張やオンラインのバーチャルなコミュニケーションなど——によって支えられている点に目を向けさせてくれるのである。

領域や集団の境界を越え、さらには距離を隔てた社会関係が多彩に営まれているなかで、「場所」がどのような意味をもっているのかあらためて考えていく必要がある。グローバル時代において、〈さまざまな移動が交錯する複雑な動き〉と、〈「現前」をもたらす場所〉とはどのような関係を築いているのだろうか。

3・場所の迫り上がり

3.1. モビリティと場所——現前と不在の複雑な絡み合い
まちづくり研究にみられる「場所」観念

ここでは「場所」概念を捉え返す準備作業として、従来のまちづくり研究のなかで「場所」という観念がどのように捉えられていたのか確認しておきたい。いくつか事例を挙げて、手掛かりを探してみよう。

たとえば、地域資源「もんじゃ焼き」をめぐる月島のまちづくりの研究のなかでは、「場所」概念がキータームとなっている。それによると、1980年代から始まった都心再開発のなかで、危機感を覚えた商店街を中心に「もんじゃ焼き」という伝統が"再発見"される。近年ではこうした「もんじゃブランド」をきっかけに、地域コミュニティの再生が図られるようになりつつあるという[15]（図2-4）。

この議論では、「場所」は「空間化」に対する"反動"の拠り所として位置づけられている。この場合の「空間化」とは、利便性という観点から

15：**古市太郎**「まちづくりと『場所』—ベルク『風土論』からの接続」仲正昌樹編『批評理論と社会理論. 1』御茶の水書房, 2011, p.171-193.

図2-4 月島、草市

出典）月島、草市 by Hajime NAKANO (Flickrより)

開発を進めて地域的固有性を剥奪していく動きを指す。この論者の問題意識として、今日ではあらゆる場所が、単なる交換可能な地所や、特定の機能や利便性という観点から開発された「空間」へと転換されているのではないかという認識がある[16]。

この視点からみると、地域資源を活かしたまちづくりの取り組みとは、「居住空間としての地域を『場所』へと再生させる試み」に他ならない。言い換えると、「地域や土地に人が主体的に関わることで、自分たちの記憶、生活史、歴史を刻み込んだ『場所』を産み出すこと」となる[17]。

また、「町並み保存運動」の研究でも、こうした「空間−場所」の対立図式が取られることがある。小樽運河保存運動の研究では、「同じ運河でも、それを〈空間〉ととらえた者は変化を担い、〈場所〉と見た者は保存を担ったのだ」と分析されている[18]。

この場合の「空間」とは「環境を均質で誰にとっても同じ大きさの立方体として把握すること」であり、主に都市計画やそれに基づく開発の視点である。それに対して「場所」とは「無色透明なものである〈空間〉とは

---

[16]：前掲書[15]**古市**(2011)の議論は、このように理論的には「空間−場所」という対立関係が軸となっているが、事例分析の次元ではより幅広い見方を提示している。月島が「もんじゃのまち」としてクローズアップされていくのは、単に近代的な空間化に対する「反動」だけではなく、まさに都心再開発とそれに連動した地域間の差異化＝地域固有性の発見の動きと関連していることが指摘されている。つまり、東京ウォーターフロント開発と密接に結びついたツーリズム的な「観光のまなざし」が、「もんじゃ焼き」という文化資源の再創造をもたらした側面に対する目配りがある。にもかかわらず、理論的には「場所」概念にこうした複雑なフローの交錯は織り込まれていない。もっぱら、機能性や利便性の観点からなされる近代的な開発を含意する「空間化」概念に対する対立項として定位されているのである。

[17]：前掲書[15]**古市**(2011), p.172.

[18]：**堀川三郎**「場所と空間の社会学―都市空間の保存運動は何を意味するのか」『社会学評論』60(4), 2010, p. 527.

異なり、不均質で意味の詰まった個別具体的な環境把握の仕方」であり[19]、主に保存運動を担う側にみられる見方である。そして、運河の開発側と保存運動側のすれ違いは、運河を「空間」と見るか「場所」と見るかという空間認識の差によって生み出されたと考えられている。

以上のように、まちづくり研究における「場所」概念は、利便性や機能性を目指す開発の論理に対抗する位置づけを与えられている。均質性、無色透明性、交換可能性、機能性といった含意をもつ「空間」概念に対して、「場所」とは歴史的記憶、郷土愛、固有名詞的な土地などに関わる観念として捉えられているのだ。

人文主義地理学の「場所」概念

こうした「空間」との対比で「場所」を捉える視点は、もともとは人文主義地理学に由来する。そこで、ここではその見方をおさえておきたい。イーフー・トゥアンやエドワード・レルフなどの人文主義地理学者の「場所」概念は、「経験における意味の中心」[20]として定義される。彼らの関心は人間存在の実存的側面にあり、「生きられた空間」や「実存空間」の探究が試みられた。背景には、主流派地理学の中心的な分析用語である、無機質で客観的な「空間」概念に対する違和感がある。その問題意識が、主観的な意味世界を理解するための「場所」概念の提起へと結びついたと見られる[21]。

こうした視点は、「場所」の理論構成にも反映されており、「場所」は「空間」との対比で捉えられている。「場所」とは安全性、確立した諸関係の安定した中心として措定される一方で、「空間」は開放的で脅威を与えるものとして位置づけられている[22]。また、私たちは、意志、目的、体験の集中を通じて、生きられる世界を「空間」から切り離すことで「場所」を生み出していると解釈される。そのうえで、「場所は、私たちの世界体

---

[19]：前掲書[18]**堀川**(2010), p.525.
[20]：イーフー・トゥアン／山本浩訳『空間の経験─身体から都市へ』筑摩書房, 1993, pp.151-153.
[21]：より詳細には、計量モデルによって地理現象を記述・分析する計量モデル化運動の席巻がある。こうした空間還元主義的アプローチや、人間による経験や意味づけを無視した人間不在の地理学に対する異議申し立てが、「場所」概念には込められている。**大城直樹**「『場所の力』の理解へむけて─方法論的整理の試み」『南太平洋海域調査研究報告』35, 2001, p.4.
[22]：前掲書[20]**トゥアン**(1993), pp.100-101.

験を秩序づけるための基本的要素なのだ」と捉えられる[23]。

このように人間の主観的な経験世界や意味づけを重視し、その拠り所として「場所」概念を定位しながら、その複雑な環境的コンテクストを「空間」概念によって一括的に後景化してしまう人文主義地理学の理論構成は、そのつもりはなくとも本質主義的な「場所」概念につながりやすい。特に「場所」と「空間」の"対比"をめぐる図式を、"対立"に読み替えてしまうと、「空間によって侵犯される場所」というような本質主義的な分析フレームが形成されがちである。

「情動の場」から「リアル空間」へ

「場所」を「空間」と対立するものと見なし、そこに本質主義的な意義を込めてしまうリスクから解放されるために、本研究では「場所」を「情動の場」というよりも、むしろより一般的に「リアル空間」として捉える視点を取りたい。「場所」という概念は、社会的かつ主観的なさまざまな経験や記憶、出会いや感情的営為をともない、それらが色濃く刻まれた場として意味づけられる傾向がある。それに対して、本書では、「移動性」との相関のなかで「場所」を定位していきたい。

この視点は2つの含意をともなう。第一に、「場所」概念を"物理的接触"あるいは"リアル空間"という最小限の意味合いにおいておさえておく。そこに「情動の場」としての意味を過剰に投影しないことにより、むしろさまざまな社会的場面で「リアル空間」に対して、いかに人びとが多様な意味や意義を込めているのかが見えてくるはずである。少なくとも、「リアル空間」の社会的意義がかつてほど自明ではない現状において、こうした柔軟な視点をとる余地を残しておくことは分析上必要となる。

第二に、「場所」を絶対視するのではなく、多様な「移動性」との相関のなかで捉えていく。たとえば、オンラインのバーチャルな移動とリアルな相互作用がどのような関係にあるのか、あるいは物理的に会うこととメールやSNSで連絡をとることの連携や乖離がいかなる社会関係を形成しているのか、などである。

ジョン・アーリは、〈物理的な接触〉や〈対面的な相互作用〉が〈移動

23：エドワード・レルフ／高野岳彦・阿部隆・石山美也子訳『場所の現象学』筑摩書房, 1999, p.114.

すること〉と結びつく社会生活のパターンを、5つに分類している。

(1) 仕事や学校、家族イベント（結婚式・クリスマスなど）のような〈法・経済・家族がもたらすフォーマルな義務〉が課す移動
(2) 友人、家族、同僚の信頼と関心を維持するために折に触れて直接会う機会を設けるような、〈フォーマル度の弱い社会的義務〉のための移動
(3) 特定の契約書にサインする、遠く離れた他者に贈り物を渡す、科学的目的のために新たな器具を作り出すなど、〈特定の社会的ネットワークにおいて物的目的に媒介された一時的な対面的相互作用〉を目的とする移動
(4) 釣りサークルのメンバーが川に集まる、山岳サークルが山に登るなど、〈ネットワーク化された社会生活の中心に「場所」がある〉場合の移動
(5) 政治集会、コンサート、演劇、会合、スポーツの試合、フェスティバルなど、〈当該ネットワークが特定の日時と場所で起こる「生」の出来事をめぐって形成されている〉場合の移動[24]

このように、私たちの社会生活はさまざまな義務によって取り囲まれており、それらが断続的な〈移動〉と、それによる〈共在〉を課している。ただし、ここでいう〈移動〉とは物理的な身体の移動にとどまらない。〈移動〉と〈共在〉の相互依存のプロセスは、（先述した）身体の移動、モノの移動、想像上の移動（マスメディアのイメージを通した移動）、バーチャルな移動（オンラインの地理的・社会的距離を超えた移動）、通信による移動（電話や携帯などのパーソナル・メッセージを介した移動）といった5つの相互に絡み合った移動を含み込んでいる[25]。

リアル空間の相互作用が、社会関係の形成や維持にとって絶対的な条件ではなくなりつつある状況では、「距離を隔てた相互作用」との関係性のなかで対面的なコミュニケーションや物理的接触の意味合いを捉えていく

24：前掲書[13]アーリ(2015), pp.343-346.
25：前掲書[13]アーリ(2015), p.76.

視点が必須となる。このことは、「リアル空間」の意義が相対的に低下していることを示唆するものではない。むしろ、移動性が高まるなかで「リアル空間」はこれまでとは異なる意義を持ち始めているのかもしれない。本研究では、こうした多様性に対応する視点を保持しておきたい。

　以上のような基本的な視点を土台としながら、以下では「場所」が新たに胚胎しつつある意義がどのようなものなのかを仮説的に考えてみたい。ここでは、その意義を2つのポイントに絞って考察する。ひとつは、場所が、メディアなどを媒介として、その場とは異なるコンテクスト（文脈）を呼び込む"触媒"のようなものになっているのではないかという点である。たとえば、単なる古びた住宅街が〈レトロで懐かしい下町の魅力ある光景〉に転換するように。

　もうひとつは、空間的な移動やメディアを通じたバーチャルな移動が増えるにしたがって、逆説的にも物理的な接触を通した相互作用がその価値を高めつつあるのではないかという点である。既存の組織や領域をまたいだ交流やつながりを生み出す"媒体"として、意外にも「リアル空間」が大きな力を発揮するのではないかという点が注目される。

3.2．コンテクスト喚起装置としての場所
ベイトソンのコミュニケーション理論

　人類学者のグレゴリー・ベイトソンによれば、コミュニケーションはつねに何らかのコンテクストをともなう。あるメッセージや情報が発せられた場合、それをどのような意味において受けとめるのかは、コンテクストによって決まる。たとえば、泥だらけになった少年を街で見かけたとき、その状況を〈ゲーム遊びが流行る時代に外遊びをするわんぱくでたくましい子ども〉というコンテクストで見るのか、それとも〈子どもの貧困を象徴するような不衛生な生活環境に置かれた子ども〉というコンテクストで解釈するかで、状況に対するその後の対応もまったく異なってくる。

　ある情報に遭遇したとき、私たちは同時にそのコンテクストに関する情報も受け取っている。たとえば、友達が自分にタックルしてきたとき、その友達の表情にいたずらっぽい笑みが浮かんでいれば、それは〈本気のけんか〉ではなく〈遊びのじゃれ合い〉というコンテクストであるとすぐに

分かる。このとき、「いたずらっぽい笑み」は「これは〈遊びのじゃれ合い〉というコンテクストである」というメタ・メッセージを暗に伝えている。この「いたずらっぽい笑み」はコンテクストを呼び起こしてくれる契機となっており、「コンテクスト・マーカー」と呼ばれる。

　私たちはこの「コンテクスト・マーカー」のおかげで、さまざまな情報に出会ったときに深く考えることなく素早く対応することができる。なぜなら、コンテクストが一義的に定まることによって、過去の経験に基づく相互作用のパターンが適用できるからである[26]。先の〈遊びのじゃれ合い〉というコンテクストが分かれば、その後、タックルしてくる友達にどのように対応すればよいか、あるいはどういった気分や感情をもつべき状況なのかが分かる。

　要するに、コンテクストとは、単体では曖昧な状態で漂う情報やメッセージを、他の記号や意味の連なりのパターンのなかに適切に配置づけ、その状況全体に対してどのように反応すべきか、どのような意味を読み取るべきか、あるいはどのような感情をもつべきかを定めてくれるものである。そして、こうした相互作用のパターンは、あらかじめ経験のなかで形成され身体化されているのである。

情報の洪水をどう処理するか

　文化が国や地域ごと、集団や階級ごとに分化していた段階では、ある情報やメッセージを解釈するコンテクストも比較的そうした「領域」ごとに定まっていた。「泥で汚れた子ども」を見たときに、それをどういうフレームで解釈し、どういう感情をもち、どう対処するかは、自ずと集団ごとに決まっていたのである。

　しかし、情報通信テクノロジーの発達によって、情報が流通する速度が桁外れに高まり、情報が共有される圏域が国境や集団の境界を易々と飛び越えていくようになった。とりわけインターネットの日常生活への浸透は、変幻自在な情報流通をもたらしたばかりか、情報のノイズの海を作り出した。こうした状況では、情報を意味づける既存のコンテクストがうまく作用しなくなる。厖大に流れてくる情報を選択し、それを結びつけて意味を

26：グレゴリー・ベイトソン／佐藤良明訳『精神の生態学』新思索社, 2000.

確定していく作業の土台が揺らいでいるのだ。

　こうしたなか、「コンテクスト」を再帰的に作り出していくことが必要となる。たとえばジャーナリストの佐々木俊尚は、「視座」を仮構することが重要であると見ている。「いま見ているテレビ番組」「いま自分がいる場所」「面白そうなブログ」などの手掛かりがあると、情報を集めるための"ブイ"をネットの海に差しこむような形で無限の情報を"縮減"することができる。要するに情報を集めるための「視点」を確立するということだ。

　しかしそれでは不十分であり、もう少し踏み込んで、特定の世界観や価値観の下で世界を眼差すような「視座」を獲得することが必要だとされる。信頼できるブロガーのブログのエントリーを読んだり、ツイッターで誰かをフォローしたりすることがその典型である。すると、狭い視点を踏み越えて、ある世界観に基づく物語性に導かれる形で、世界の情報が整序立って見えてくる[27]。

　同様の視点で、批評家の東浩紀は「場所を変えること」「旅をすること」を重要なコンテクスト作りの方法と見なす。グーグル検索は情報を集める視点を与えてくれるが、あくまで自分の脳の回路で考え出した検索用語の範囲を越えることはできない。しかし、旅先でリアルな経験をすることは、単にウェブで旅先の情報を集めるのとは異なり、言語化できない強烈な体験をともなう。あるいは、ウェブで調べた情報にあらためて感情で"タグ付け"することが可能になる[28]。その結果、単なる記号の寄せ集めにすぎなかった情報を整序し、そこに意味合いを付与するコンテクスト化の力が作用する。

　このように、情報の洪水のなかから特定の情報を収集して意味を組み立て、それらへの対応を図っていくためには、コンテクストの再帰的設定が必要となる。この動きのなかで「場所」とはどのように位置づけられるのであろうか。東の議論では、「場所」は記号の洪水を係留するコンテクストを生み出す装置として位置づけられていた。ある場所で体験するリアルな経験によって、さまざまな情報が結びつき意味が浮かび上がる。しかし、

[27]: 佐々木俊尚『キュレーションの時代―「つながり」の情報革命が始まる』筑摩書房, 2011, pp.187-199.
[28]: 東浩紀『弱いつながり―検索ワードを探す旅』幻冬舎, 2014.

それだけだろうか。

コンテクスト転換の容易さ

「場所」はコンテクストを"形成"する装置というだけでなく、コンテクストを"喚起"する装置としても機能するようになっているのではないだろうか。コンテクスト形成装置としての「場所」は、さまざまな情報群とは区別される「リアルな体験」として位置づけられた。しかし、一方で「場所」は、コンテクスト・マーカーとして記号や情報の一部を構成することもある。

社会学者のアーリが述べるように、想像上の移動やバーチャルな移動が増加するにしたがい、現前と不在の複雑な交錯が生ずる。そのなかで「場所」というリアル空間は、メディア空間やバーチャル空間と相互嵌入的な関係を形成するようになる。「場所」そのものがメディア空間の情報群と接続して、それらの一部を構成するようになる。その結果、「場所」は次のような新たな作用を及ぼすようになる。

私たちは、メディア空間やバーチャル空間を流通する情報群を通じてさまざまな価値観や世界観を紡いでいる。とりわけ、インターネットやソーシャルメディアの発達は、自分に"心地よい情報"を集中的に周囲に配置する「情報環境のパーソナル化」を可能にした。こうしたなか、情報群と接続した「場所」は、そうした心地よい世界観への"入り口"となる可能性をもつ。なぜなら、この場合の「場所」とは記号群と区別されるものではなく、記号群の一部を構成するものであるからだ。

ベイトソンは、あるコンテクストから別のコンテクストへの転換について論じている。ある情報やエピソードが与えられたとき、人はそれにあてはまる相互作用パターン（コンテクスト）を見つけ出す。しかし、もし与えられた情報群にうまくあてはまらない場合、あるいはもっと適切なパターンが想像される場合、別のコンテクストが呼び出される。こうして、特定のコンテクストから脱して別のコンテクストへ飛躍することを、ベイトソンは創造性が促進されると捉える[29]。

たとえば、「街路にたたずむ猫」の情景に遭遇したとき、それがコンテ

29：前掲書[26]ベイトソン（2000）.

クスト・マーカーとなって、自分が映画鑑賞を通じて醸成してきた「日本の昭和30年代の下町風景」という新しいコンテクストが呼び出されるかもしれない。リアルな生活風景から昭和30年代下町の情景へと、コンテクストが飛躍するわけである。

　情報社会の特徴とは、こうしたコンテクスト転換の容易さにある。ベイトソンは、イルカの事例（第5章p.106参照）を通じて特定のコンテクストから別のコンテクストへの飛躍がいかに困難を伴い、だからこそいかに創造的であるかを論じた。しかし、今日では「場所」はメディア空間と相互媒介的に接続しており、メディア的にさまざまなコンテクストと想像的につながることが可能になっている。そのぶん、「場所」を"契機"とした想像的なコンテクストの呼び出しはより容易になっているのだ。

3.3. 領域横断的ブリッジ媒介装置としての場所

　他方で「場所」は、異なるコンテクストを"媒介"する装置として重要になりつつある。「場所」自体がコンテクスト・マーカーとなって新しいコンテクストを呼び込むというよりも、「場所」が"触媒"となって情報と情報との、あるいは情報とコンテクストとの新しい組み合わせが生ずる側面があるのだ。ここでいう「組み合わせ」とは、異なる領域や分野の間の境界横断的なつながりのことを意味する。

弱いつながりとブリッジ

　「境界横断的なつながり」に関しては、社会学では主にネットワーク論で研究されてきた。最もよく知られているのは、社会学者マーク・グラノベッターの「弱いつながり」論である。グラノベッターは転職の研究を通じて、互いに頻繁に会う「強いつながり」よりも、たまにしか会わない「弱いつながり」の方が、新しい仕事を見つけるときには役に立っていることを明らかにした。転職を考えたとき、家族や友人のような親しい人たちに相談したほうが親身になってくれて、有益な情報を与えてくれそうである。しかし、実際には、近所のジムでたまに挨拶を交わす程度の知り合いや、1回しか会ったことのない仕事関係の知人が教えてくれる情報の方が、仕事を見つけるのには役立っていたのである。

「弱いつながり」論において注目すべきは、「ブリッジ」という概念である。ブリッジとは、社会的なネットワークのなかで、人や組織などの2つの地点を結びつける唯一の経路となるような"つながり"を意味する。たとえば、Aというコミュニティに所属する田中さんと、Bというコミュニティに所属する鈴木さんが知り合いだとする（図2-5）。その際、もしAとBをつなぐルートが「田中－鈴木」間のつながりしかなかった場合、このつながりのことを「ブリッジ」と呼ぶわけである。

ブリッジは異なる集団や異なる領域を文字通り"架橋"するつながりである。それ以外に両者を架橋するつながりはないわけであるから、その意義は大きい。たとえば、ブリッジは情報やイノベーションの効率的伝達や普及を可能にする[30]。

しかし、それだけではない。私たちは、自分の所属する集団や組織、ネットワークのなかで多くの情報をやりとりする。とりわけ、階層構造的に統合された領域型社会においては、情報は領域内部で循環する傾向が高くなる。その際、各領域間、各集団間にはネットワーク上のつながりがほとんどないために、ぽっかりと隙間ができる。ロナルド・バートはその隙間を「構造的空隙」と呼ぶ[31]。構造的空隙があるということは、それまで交流や情報流通がなかったことを意味する。

その構造的空隙をまたいで異なる領域間に「ブリッジ」を架ければ、い

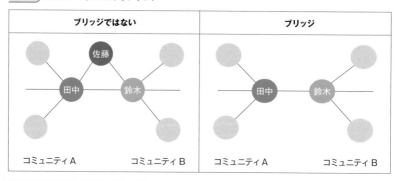

図2-5　ネットワークにおけるブリッジ

[30]：マーク・S.グラノヴェター／大岡栄美訳「弱い紐帯の強さ」野沢慎司編・監訳『リーディングス ネットワーク論』勁草書房, 2006.
[31]：ロナルド・S.バート／安田雪訳『競争の社会的構造──構造的空隙の理論』新曜社, 2006.

ままで縁のなかったコミュニティや組織を結びつけることになる。コミュニケーション論的に言い換えれば、これまで結びつくことのなかった情報と情報の出会いが生じ、情報が全く新しいコンテクストに置かれる可能性が広がる。このことによって、その情報は新しい意味合いを帯びることになる。ベイトソン的にいえば、ある情報を既存のコンテクストとは異なる別のコンテクストに置くという「創造性」が発揮される。それは、新たなアイディアやイノベーションに結びつくという展開を期待することができる。

情報環境のパーソナル化

こうしたブリッジが重要になるのは、今日では情報環境のパーソナル化が進み、ますますノイズを排した"快適空間"になりつつあるからである。自分の欲しい情報、自分と同じ趣味や意見の人びとが集まるコミュニティというのは、心地良い反面、新しい情報やコンテクストと出会う機会を相対的に抑制してしまう。

こうした情報環境のパーソナル化は、インターネットやソーシャルメディアの普及にともなって急速に進んできた。インターネット普及初期に、MITメディアラボ創設者のニコラス・ネグロポンテは、ネット時代の情報環境は「デイリー・ミー（日刊自分新聞）」になっていくと予測した。つまり、インターネットとは従来のメディアとは異なり、高度にパーソナライズされたメディアであるがゆえに、自分にとって望ましい情報環境を作りやすくなると[32]。実際、ネグロポンテの予測通り、現在ではSNSのニュースフィード、ニュースリーダー、検索システム、ニュースアプリなど、さまざまな情報提供サービスはユーザーの興味関心に合わせた構成になるように、高度なパーソナル化システムを備えるようになっている。

私たちは膨大かつ多様な情報ノイズにさらされているように見えるが、実際には情報洪水に対処するために、パーソナル化されたフィルターを通して世界を眺めている。要するに、フィルターバブルの内側からさまざまな情報を意味づけているに過ぎない[33]。その結果、自分と同じ考え、同じ

32：ニコラス・ネグロポンテ／福岡洋一訳『ビーイング・デジタル―ビットの時代（新装版）』アスキー, 2001.
33：イーライ・パリサー／井口耕二訳『閉じこもるインターネット―グーグル・パーソナライズ・民主主義』早川書房, 2012.

思想や気分をもつ人たちと容易につながりやすくなる。

　ある意味で、それは自分にとって"耳当たりのいい"、ということは"ノイズ"のない情報環境のなかに閉じこもることを意味する。その意味で、インターネットは人びとを自作の「エコーチェンバー（共鳴室）」に閉じ込めるメディアであるといえる。

　こうした情報環境のあり方に関しては、多くの論者が危機感を募らせている[34]。これをコミュニケーション理論的に捉えるのであれば、特定の情報やメッセージをそれまでとは異なるコンテクストに置いて捉える機会が相対的に減少しているといえよう。ネットワーク理論的に言い換えれば、異なる領域間にブリッジを架ける機会が剥奪されているのだ。

　こうしたなか、「場所」の重要性が迫り上がってきている。なぜなら、場所を介した相互作用はインターネット環境とは異なり、ノイズの除去を完全に遂行することが不可能だからである。たとえば、どこか知らない都市に赴くことは、予測していない偶然の出来事との出会いを不可避にともなう。それは、"フィルター"によってコントロールできるものではない。

　モバイル端末が全面的に普及し、絶えずインターネットに接続することが常態となっている状況では、予測できないような新しいコンテクストとの出会いや、ブリッジ的な絆を体験する可能性はますます減じている。それ故、そうした可能性は、いまや「場所」のような環境に負託されつつあるのだ。「場所」を介したインタラクション以外では、そうした"ノイズ"が発生する可能性が抑制されているからこそ、「場所」が有する"ノイズ特性"の相対的重要度が高まりつつあるのだといえよう。

4・そして、まちづくりへ

　以上、本章では、これからの時代の〈まちづくり〉をなぜ「場所」という視点から捉える必要があるのか、それを理解するための本書全体のスタンスを定める作業を行ってきた。そのポイントは、グローバル化という大

34：たとえば、以下の文献を参照。**キャス・サンスティーン**／石川幸憲訳『インターネットは民主主義の敵か』毎日新聞社, 2003／前掲書[28]東(2014)／前掲書[33]パリサー (2012).

きな社会変動のなかで「場所」の意義が変わりつつあることであった。その議論を簡単にまとめてみよう。

まず、社会のさまざまな分野にシェアが広まっていることに注目し、それを切り口として、グローバル化を捉え返した。そのポイントは、領域を越えた交流や情報の流通が爆発的に拡大していることであった。典型的には、オープンイノベーションやオープンガバメント、あるいはコワーキングスペースなどに見られる動きである。要するに、従来のように企業の内部、あるいは業界や集団の内部でネットワークや相互作用が閉じていることが少なくなり、その外部へ境界を越えて拡大していくことが当たり前になりつつあるのだ。

こうした脱領域型の社会では、「場所」と密接に結びついてきた集団や地域を越えた交流やつながりが増えていく。そのため、〈目の前の相互作用〉と〈距離を越えたやり取り〉が、複雑に絡み合って社会関係を作っていく。こうしたモビリティ社会においては、かつてのように「場所」を、そこで長い時間をかけて生成された歴史的記憶や地域コミュニティにだけ結びつけて考えるわけにはいかなくなりつつある。身体の移動や想像上の移動など、さまざまな移動性と相関するものとして「場所」を考えていく必要がある。

このような視点から本章では、「場所」の新しい意義を2つのポイントから提起した。ひとつは、メディア的現実と相互嵌入的な関係にある「場所」を"契機"として、リアル空間がまったく異なる文脈のもとで経験される機会が増えつつあることである。もうひとつは、地理的な移動が増え、メディア的なコミュニケーションが支配的になるなかで、逆に「場所」を"触媒"とした身体的な「共在」が思いもよらない人的出会いやアイディアの相互触発の機会を生み出していることである。

ここで、第1章の表現を使うのであれば、前者のポイントが〈場所とつながる〉まちづくりに関わる側面であり、後者のポイントは〈場所でつながる〉まちづくりに主に関係してくる。そこで、本章で仮説的に組み立てたこれらの新たな「場所」の意義が、近年のまちづくりの取り組みのなかで、どのように引き出され、活用されているのか、次章以降で具体的に見ていきたい。

【 セクション II 】

場所とつながる

:::: 第**3**章 ::::

コンテンツツーリズムと「場所」観の変容
――アニメ聖地巡礼と大河ドラマ観光――

1・はじめに―コンテンツツーリズムとは何か

1.1. コンテンツツーリズムとは

　コンテンツツーリズムとは、アニメやドラマ、映画、マンガ、ゲーム、小説などのコンテンツをきっかけとした旅行行動や、それを活用した地域振興のことを意味する[1]。コンテンツツーリズムのポイントは、コンテンツを通して、ある地域に固有のイメージとしての"物語性"や"テーマ性"を付加し、それを観光資源として活用することにある[2]。

　たとえば、鳥取県境港市では、漫画家の水木しげるの作品を活用し、「水木しげる記念館」を設立するとともに、商店街に妖怪オブジェなど80体を設置したテーマ型シンボルロードを整備した。いわば「水木しげるの世界」というテーマ性を地域に付加したわけである。その結果、記念館が開館した2003年3月から12月までの市内観光消費額の増加分は、13.7億円と推計された[3]。

　他にも、北海道・富良野市を舞台に1981年から2002年にかけて断続的に放映されたテレビドラマ『北の国から』は、多くの観光客を富良野地域に引き寄せた。とりわけ、最終回が放送された2002年の観光客数は約250万人と、過去最高に達した[4]。また、日本映画『ラブレター』が1999年に韓国で公開されると、舞台となった小樽市を訪れるアジアからの観光客は300万人以上も増加した。このように、2000年前後からコンテンツツーリズムによって地域に多くの観光客が訪れ、それが地域振興に結びつく事例が増加している。

1：岡本健編『コンテンツツーリズム研究』福村出版, 2015, p.5.
2：国土交通省・経済産業省・文化庁『映像等コンテンツの制作・活用による地域振興のあり方に関する調査報告書』2005, p.49.
3：前掲書[2]国土交通省・経済産業省・文化庁(2005), p.53.
4：増淵敏之『物語を旅するひとびと―コンテンツ・ツーリズムとは何か』彩流社, 2010, p.43.

こうしたコンテンツツーリズムは、観光による地域振興の一形態として位置づけられ、近年では各自治体が大きな期待を寄せている。背景としては、1990年代から始まる地方分権化の流れ、あるいは2003年から2008年頃まで続く平成の大合併、さらには少子高齢化や人口減少の進展のなかで深刻化する地域経済の空洞化など、さまざまな課題が折り重なるなかで、地域間競争が激しくなっていることが挙げられる。各自治体は、定住人口や交流人口の増加を図るべく、さまざまな取り組みを展開しているが、その大きな柱のひとつが「観光」による地域振興である。

　各地の観光振興を促した契機として、中央政府による2003年の「観光立国」関連の施策が挙げられる。政府が策定した「観光立国行動計画」では、「一地域一観光」に向けて、地域の魅力あるコンテンツを生み出す活動を支援していくことが謳われている。特に地域振興に関連するのは、フィルムコミッションの活動支援である。後述するように、フィルムコミッションは2000年代前半から各地で急増していくが、この動きは文化芸術コンテンツを通じた地域への観光客の誘引、すなわちコンテンツツーリズムに対する注目を引き起こすことになった。

1.2. アニメと大河ドラマへの期待

　こうしたなか、各地域で地域振興や観光振興の素材としてとりわけ注目されているコンテンツが、アニメと大河ドラマである。このうち、アニメがコンテンツツーリズムの文脈で注目されるようになったのは、比較的最近のことである。とりわけ地域振興と結びつくようになったきっかけは、2007年放映のアニメ『らき☆すた』であった。『らき☆すた』の舞台は埼玉県鷲宮町近辺であるが、多くのファンが「聖地巡礼」と称して鷲宮神社周辺に集まるようになったのだ（図3-1）。鷲宮神社の初詣客は2007年には12万人だったが、2008年には30万人、2009年には42万人と急増することになった。

　これ以降、各地で自治体や観光協会などが地域振興の手段として、アニメを中心とするコンテンツツーリズムに大きな期待を寄せるようになった。たとえば、埼玉県では『らき☆すた』による観光振興の成功をきっかけに、2009年に「アニメツーリズム検討委員会」を立ち上げ、2013年には「アニ

図3-1 鷲宮神社

出典）photo by Shingo YAMADA

玉祭」を開催、2014年には観光課に「アニメの聖地化プロジェクト」を立ち上げた。宮城県も、2009年にテレビ・アニメ『戦国BASARA』とタイアップして商品開発に取り組み、観光振興において新たな客層を開拓することに成功している。

　他にも、2012年放映のアニメ『ガールズ＆パンツァー』と茨城県大洗町とのタイアップ、2011年放映のアニメ『あの日見た花の名前を僕達はまだ知らない。』と秩父アニメツーリズム実行委員会との連携など、アニメ放映が地域振興と結びつく動きが広がりつつある。

　他方で、大河ドラマも各自治体の観光振興のきっかけ作りとして大きな注目を集めている。もともとコンテンツツーリズムの素材として、NHKの「朝の連続テレビ小説」と「大河ドラマ」は伝統的に大きな影響力を保持してきた。毎日放送される朝の連続テレビ小説はNHKの看板番組であり、全国的に広く視聴されていることもあって、舞台となるロケ地は多くの観光客を集めてきた。近年の例では、2013年の『あまちゃん』の放映にともない、多くの観光客が岩手県久慈市を訪れたのは記憶に新しい。実際、この観光振興、地域振興を狙って朝ドラの誘致活動を行っている自治体は少なくない[5]。

　また、大河ドラマは2000年以降、地域振興につながる確実なコンテンツ

5：前掲書[4]増淵(2010), p.36.

として各自治体の期待も高い。1963年放送開始の大河ドラマは、朝ドラと同様に長い放映期間を通じて"大河ブランド"を築いてきた。現在ではその信頼度に依拠する形で、地域間競争を繰り広げている各地域がその莫大な経済波及効果を期待して「大河ドラマ」の誘致に熱心に取り組んでいる。

1.3. コンテンツツーリズムと「場所」

本章では、コンテンツツーリズムの活動のなかには、これまでに見られなかったような新たな「場所」観が生まれているのかどうか、そして生まれているとすればそれはどういうものなのか、検討してみたい。ただし、一口に「コンテンツツーリズム」といっても、アニメやドラマ、映画、マンガ、ゲーム、小説などさまざまである。本章で注目したいのは、最も新しいコンテンツである「アニメ」である。

では、なぜ「アニメ」に注目するのか。それは、アニメをめぐるコンテンツツーリズム、すなわち「アニメ聖地巡礼」の行動パターンが、ある種の新しい「場所」観を生み出しつつあるのではないかと考えるからである。たしかに「アニメ聖地巡礼」は、コンテンツ消費をきっかけとして舞台となった地域周辺を旅行するという意味では、他のコンテンツツーリズム形態と変わらないようにみえる。単に消費対象がドラマや映画から「アニメ」へ変わっただけだと。しかし、本当にそうなのだろうか。この点に関して考察を深めるのが本章の目的である。

そのために、以下では「アニメ聖地巡礼」と「大河ドラマ観光」という2つのコンテンツツーリズム形態を比較してみる。そして、両者にみられる「場所」経験のあり方が同じなのか、それとも異なるのか、その点に焦点を絞って検討を行っていきたいと思う。

2. 大河ドラマ観光と「場所」

2.1 大河ドラマ観光とは

大河ドラマ観光の現状

大河ドラマ視聴をきっかけにその舞台となった地域を観光に訪れる、いわゆる大河ドラマ観光が2000年代以降、大きな経済波及効果をもたらして

表3-1 大河ドラマ舞台地域における経済波及効果一覧表

放映年	ドラマタイトル	経済波及効果	調査対象府県
2004	新撰組！	203億円	京都
2005	義経	179億円	山口
2006	功名が辻	135億円	高知
2007	風林火山	109億円	長野
2008	篤姫	262億円	鹿児島
2009	天地人	204億円	新潟
2010	龍馬伝	535億円	高知
2010	龍馬伝	182億円	長崎
2011	江〜姫たちの戦国〜	162億円	滋賀
2012	平清盛	150億円	兵庫
2012	平清盛	202億円	広島
2013	八重の桜	111億円	福島
2014	軍師官兵衛	169億円	福岡
2014	軍師官兵衛	74億円	大分

出典）「大河ドラマ後の観光動向について」『福島の進路』2015年2月号, p.10（一部改変）

おり、最今、その影響力が注目されている（表3-1）。もっとも、大河ドラマ観光が始まったのは最近のことではない。第1作目の『花の生涯』（1963年）が放映された際にはすでに、滋賀の彦根城に120万人の観光客が訪れたそうだが[6]、「ご当地ブーム」と呼ばれる観光現象が起きたのは第4作目の『源義経』（1966年）のときからであるといわれている[7]。それ以降、大河ドラマは放映の度に、多かれ少なかれ全国各地の「ご当地」に観光客を集めてきた。

ところが、2000年代以降、観光による地域振興が盛んになるのと相まって、大河ドラマを活用した地域活性化に各自治体が本格的に取り組むようになった[8]。2002年放送の『利家とまつ』は石川県の観光振興に大きく貢献し、2008年の『篤姫』が鹿児島県内にもたらした経済効果は262億円に上

---

[6]：**岡本健**「コンテンツ・インダストリー・ツーリズム―コンテンツから考える情報社会の旅行行動」『コンテンツ文化史研究』3, 2010, p.4.
[7]：**李受美**「『大河ドラマ』ジャンルの登場とその社会的意味の形成過程」『情報学研究：学環：東京大学大学院情報学環紀要』70, 2006, p.162.
[8]：前掲書[4]**増淵**(2010), p.36.

った[9]。さらに2010年の『龍馬伝』放映をきっかけに、高知県では観光振興事業「土佐・龍馬であい博」を立ち上げ、県民総生産の１％にあたる234億円の経済効果が見込まれた。

　各自治体は、もともとある観光資源を活用するのみならず、１年限定の大河ドラマ館の設置、あるいは大河ドラマ放映の関連グッズ・土産物販売などを通じて観光振興に取り組んでいる。大河ドラマ館が設置されるようになったのは『独眼竜正宗』（1987年）以来のことである[10]。しかし、大河ドラマ館を通じた各自治体による観光振興がより本格的な流れとなるのは、やはり2002年の『利家とまつ』以降のことである。とりわけ、『八重の桜』（2013年）放映時の福島県の大河ドラマ館、『軍師官兵衛』（2014年）の際の兵庫県のドラマ館はともに60万人超えの来館者数となり、2002年以降のドラマ館のなかでベスト４に入る人出を記録した[11]。

大河ドラマの誘致活動

　このように、各地の地域活性化の手段のひとつとして大河ドラマ観光が活用されるようになったのだが、こうした注目度を反映するかのように、1990年代後半以降、各地で大河ドラマの誘致活動が活発化している。たとえば、2002年放送の『利家とまつ』の誘致活動は1998年に始まっている。そして現在でも、30件あまりの歴史人物をめぐって誘致活動が各地で進められている（2015年８月現在）[12]。誘致活動は、民間有志、地方議会議員、首長など、主に地域の政財界に関わる立場の人たちから提唱されるケースが多い。

　なお、誘致活動が活発になっている背景には、2000年以降、NHKが視聴率低落傾向に歯止めをかけるべく、視聴者層を女性や若年層にも拡大する方針を打ち出したことがある。主人公像を従来のような歴史上の有名人に限定するのではなく、若者や女性の関心も集めやすい地域の歴史人物や女性などにも拡大した。その結果、選択の幅が広がり、各地域にゆかりの

9：鈴木嘉一『大河ドラマの50年―放送文化の中の歴史ドラマ』中央公論新社，2011, p.298.
10：北村純「大河ドラマの誘致―映像作品と地域活性化」『群馬大学社会情報学部研究論集』23, 2016, p.22.
11：『産経ニュース』2015年2月28日(http://www.sankei.com/premium/news/150228/prm1502280017-n1.html).
12：前掲書[10]北村(2016), p.16

ある人物を推薦しやすくなったため誘致活動が活発化したのである[13]。

2.2. フィクションから歴史ドラマへ
番組テクストにおける現実世界への投錨

　大河ドラマの特徴のひとつは、ドラマの舞台となる実在の場所や地域に対する視聴者の関心を前提とした番組作りを行っている点にある。もちろん、「旅行番組」とは異なり、各地の名所情報を直接教えてくれるわけではない。しかし、各回放映後に5分程度、ドラマの舞台となった地域やロケ地、歴史上の史跡に関するエピソード的な紹介が挿入されている。

　つまり、番組テクストそのものが、フィクションを超えた現実世界への"投錨"を視聴者に呼びかける作りになっている。そのため、視聴者は大河ドラマの内容をごく自然に、舞台となる地域や実際の撮影地とリンクさせて受けとめることが可能となっている[14]。

　こうした大河ドラマの「現実」投錨的な性格は、昨日今日生まれたものではない。実は、すでに放映初期の1960年代には確立されていた。節目となったのは第3作の『太閤記』(1965年)である。

　その第1回放送の冒頭シーンは、前年開通したばかりの東海道新幹線「ひかり」が走るシーンで始まるという、時代劇としてはかなり斬新な演出となっている。実際、当時のスタッフや視聴者にも度肝を抜かれた人が多く、「放送事故か」「ミスではないか」といった声も出たほどであったという[15]。

　こうしたテクスト構成が生まれたのは、この作品の演出をドキュメンタリー畑出身の吉田直哉が担当したことも影響している。もともとこの作品を引き受けるにあたって、吉田は「ドラマとドキュメンタリーの中間を行くもの」を目指していた[16]。「時代劇のなかに現代を挿入する」ことによって過去と現在を自由に往来する手法が、視野の広い立体的な構成を生み出すと、吉田は考えていたのだ[17]。たとえば作品内で、〈豊臣秀吉ゆかりの豊岡神社を実写で紹介する〉、〈石垣の積み方や節の俸禄などについて解説を

13：前掲論文[10]**北村**(2016), p.21.
14：**前原正美**「メディア産業と観光産業―大河ドラマと観光ビジネス」『東洋学園大学紀要』16, 2008, p.135.
15：前掲書[9]**鈴木**(2011), pp.57-58.
16：**塩沢茂**「番組を担う人たち⑥―功労者、吉田直哉」『キネマ旬報』1969年4月春の特別号, p.147.
17：**吉田直哉**『私のなかのテレビ』朝日新聞出版, 1977.

挿入する〉、〈登場人物が亡くなった回には現在も残る当人の墓を実写で紹介する〉など、大胆な演出を取り入れた[18]。そこには、「ドラマの中で歴史を十分にいかしつつ、それを現在の現実と結び付ける」[19]という吉田の演出意図が反映されていたのである。

歴史として受けとめる視聴者の登場

ただし、こうした大河ドラマの脱フィクション的な特性を、吉田という個人の演出方法に帰属させるのはやや筋違いである。もともと大河ドラマ第1作目の『花の生涯』が登場したとき、それは豪華絢爛なスターを配した大型時代劇として始まった。演出意図としても、視聴者の大衆的期待に添った「娯楽性」が全面に打ち出されていた。そしてそれは、第2作目の『赤穂浪士』においても同様だった。ところが、視聴者サイドでは、フィクショナルな娯楽性だけでなく、それとは異なる現実志向の楽しみ方が生まれつつあったのだ。

視聴者は、こうした新しい演出をどのように受けとめていたのだろうか。当時行われたアンケート調査によると、第3作目の『太閤記』を「これからも見たい」と肯定的に受けとめている視聴者の理由のうち、最も多かったのが「勉強になるから」であった[20]。具体的には、「ストーリーも時代考証も、子どもの社会科の勉強になる」、「あの解説がいい」、「歴史的な説明は良い勉強になる」という感想が聞かれたという。そして、こうしたノンフィクショナルな受けとめ方は、「ストーリーがおもしろい」や「(登場人物の)藤吉郎が好きだから」といった、いわゆるフィクション的な楽しみ方を凌いだのである。

こうした視聴者の受けとめ方に関して、メディア研究者の李受美は「大型時代劇から歴史劇への転換」が見られると分析する。つまり、「単にドラマをみて楽しむより、ドラマの内容を歴史として受け取って、その意味を現在の状況の中で再解釈するというプロセスへの移行」が生じているのだという[21]。

18：前掲書[9]鈴木(2011), pp.57-58.
19：前掲論文[7]李(2006), p.154.
20：「特別調査レポート『太閤記』を診断する」『TVガイド』1965年2月26日号.
21：前掲論文[7]李(2006), p.153.

そして、こうした移行は、実はすでに前作の『赤穂浪士』の視聴においてみられる。当時の投書を分析した記事によると、従来からの「史実には無関心で、物語世界に胸をときめかせるタイプ」のファンに加えて、「ドラマを現代に持ち込み、経営学的に考えるタイプ」の"現代解釈ファン"などの、新しいタイプの視聴者の登場が見られる[22]。つまり、ドラマの世界へどっぷり浸って楽しむ視聴形態とは異なり、フィクションの世界から離脱して歴史へと係留しつつも、それを現在の状況に結びつけて受けとめる視聴形態が、すでにこの時点で生まれつつあったのだ。

2.3. 間メディア社会と大河ドラマのリアリティ
間メディア的なドラマ消費

　こうした、大河ドラマの「現実」投錨的な性格は、さらに間メディア的状況のなかで促進されてきた。

　NHKでは大河ドラマ放映にあわせて、『その時歴史が動いた』や『土曜スタジオパーク』といった教養番組やトーク番組などで特集を組むことが恒例となっている。視聴者はそれらの番組を通じて、歴史的な背景や舞台設定、さらには登場人物についてより詳しく知ることができる[23]。これらの番組は、視聴者にとって大河ドラマを単なる物語を越えたバックグラウンドをもつ、"奥行き"のある世界として受けとめることを可能にしてくれる。

　それだけではない。大河ドラマの放映は、その影響力の大きさから、ドラマ視聴を越えてさまざまなメディア消費を巻き込んでいく。原作の小説がベストセラーになるばかりでなく、関連書籍や特集を組んだ雑誌が多数刊行され、書店では大河ドラマコーナーが作られることも珍しくない。こうした付加的消費が始まったのも昨日今日ではなく、すでに1960年代からみられる。たとえば、1966年の『源義経』放映時には、一流歌手による"義経の歌"のレコード制作や、デパートの"義経展"の開催がみられた[24]。それ以降も、その時々の大河ドラマの素材をモチーフにした演劇や歌舞伎、レコード、物産展などを通じて、大河ドラマはまさに"クロスメ

22:「『赤穂浪士』視聴者との間―投書に見るファン気質の分析」『TVガイド』1964年8月28日号．
23: 前掲論文[14]**前原**(2008), p.135.
24: **大原誠**『NHK大河ドラマの歳月』日本放送出版協会, 1985, p.105.

ディア"的に消費されてきたのである[25]。

　しかも、こうした付加的消費はドラマ放映が始まる半年ないし1年も前から、原作小説や関連小説、歴史書の消費という形で始まる。また、第10作目として『新・平家物語』のドラマ化が決まった際には、朝日新聞はドラマの進行に合わせて別冊『新・平家物語』を毎月1冊ずつ刊行し[26]、それによって「読者たちは本放送の『大河ドラマ』を自分の経験した大河ドラマと比較しながら視聴」した。こうした「消費経験によって大河ドラマは一回に限らず何回も消費されることになる」[27]。

　したがって、大河ドラマの受容経験はドラマそのものの視聴で完結しているわけではない。『その時歴史が動いた』など、他のNHK番組の視聴や、原作小説、雑誌の特集、関連歴史書の読書経験、果ては関連する演劇、歌舞伎、音楽、物産展などの消費経験のなかで、少しずつ異なる角度から反芻され、繰り返し確認され、咀嚼されていく。

　こうしたプロセスを通じて、ドラマ次元のリアリティがさまざまな角度から補完され、拡充され、歴史的リアリティと結びつけられていく。さらに、現在の地理的空間と交錯して体験され、ビジネス書や自己啓発書などのテクストを介して、ビジネスパーソンのキャリア的リアリティとも接合されていく――たとえば「秀吉に学ぶ〈人を使う極意〉」などのように。

ナショナルなリアリティの構成

　こうして物語世界が〈歴史〉と〈現実〉とを間メディア的に往還するプロセスを通じて、多面的なリアリティが構成されていくのだが、そのなかで特定のナショナルなリアリティを構成していくことも可能になる。

　たとえば、大河ドラマシリーズのなかで全作品の3割が戦国時代を舞台としているが、そこでは不確実な乱世、時代の転換期が、「すべての人間に機会と可能性を与える時代」として描かれている。ここにみられる「能力と努力による成就の時代」を生き抜く英雄のイメージは、高度経済成長期の視聴者にとって「勤勉に働く高度成長期のなかの『企業戦士像』」と重ね合わされて受容されていた。つまり、大河ドラマは「過去」の日本を

25：前掲論文[7]李(2006), pp.161-162.
26：『『新・平家物語』ブームに便乗組が続く名のり』『TVガイド』1971年11月19日号, pp.140-141.
27：前掲論文[7]李(2006), p.161.

記憶させながらも、「現在」の日本を奨励、統合する作用を及ぼしている側面もあったといえよう[28]。

ただし、留意しておきたいのは、ドラマのテクストがそうしたイデオロギー性を帯びていたという点ではない。むしろ、ドラマのテクストを越えて、他の多彩なメディア消費を含む間メディア的なリアリティ享受のプロセスのなかで、ナショナルな次元の現実が構築されていたことが重要である。一元的に現実が規定されているのではなく、視聴者自身が歴史と現在、ドラマと小説など複数の媒体を何度も往復するなかで、時間をかけながらある種のイメージやアイデンティティが根を張ってきたのだ。

2.4. 大河ドラマ観光
大河ドラマ観光の歴史と現状

こうした大河ドラマ消費にみられる多面的なリアリティ構築の延長上に大河ドラマ観光がある。その経験は、単にドラマ内容を追体験するというよりも、むしろ"大河ドラマ的リアリティ"という厚みのある世界観を空間的に根付かせる機会となっている。

すでに述べたように、大河ドラマの視聴をきっかけとした"ご当地"観光ブームの始まりは、第4作目の『源義経』からだとされている。当時は、京都の鞍馬寺の参拝者が急増し、能登半島では義経の移動経路を辿る「義経めぐり」の観光コースが整備され、山形県では「義経史跡ライン」が作られたという[29]。

こうした観光ブームに拍車がかかるのが、第7作目の『天と地と』（1969年）の頃からである。当時、月刊雑誌の『歴史読本』では上杉謙信や武田信玄の特集が組まれ、そのゆかりの地を写真に収めて紹介し、さらに舞台となった地への交通機関案内も掲載している[30]。「信玄弁当」や「清酒景虎」、「あられ天と地」など、ドラマにちなんだ土産物や物品の企画販売も相次いだ。また、派手な演出をともなう観光客目当ての「信玄公祭り」の開催や、国鉄の「天と地とめぐり」旅行ツアーの開始など、観光振

28：李受美『「大河ドラマ」と大河ドラマ—テレビ・ドラマの歴史的想像力に対する一考察としての日韓比較分析』『情報学研究：学環：東京大学大学院情報学環紀要』68, 2005, pp.197-198.
29：前掲書[24]大原(1985), pp.104-105.
30：星亮一・一坂太郎『大河ドラマと日本人』イースト・プレス, 2015, p.91.

図3-2 真田氏・真田丸ツアー

出典）https://www.hatobus.co.jp/dom/feature/sanada

興の取り組みも多岐にわたってなされた[31]。こうして、大河ドラマ観光はその後定着していくことになった（図3-2）。

　では、大河ドラマ放映によって、舞台や撮影地への訪問者（観光客）はどの程度増えるのであろうか。1987年から1997年までのデータによると、前年度を100とした場合、放映年の訪問者数は、多い場合で324.6、少ない場合で99.3となっており、ほとんどの地域が大幅に観光客を増加させている。この訪問者数の増減パターンを分類すると、一時的に増えるがすぐに元の水準に戻る「一過型」、放映時の増加効果をバネに、その後も高い水準で維持する「ベースアップ型」、そしてほとんどドラマ放映による影響のない「無関係型」に分けられる[32]。

大河ドラマと地域イメージの形成

　では、舞台や撮影地となる地域（＝観光地）に関するイメージはどのように形成されるのであろう。これまでの研究では、ドラマ本編放映後に撮影舞台を紹介する5分程度の番組、あるいはNHKの『その時歴史が動いた』や『土曜スタジオパーク』などの番組で組まれる関連特集の視聴などを通じて、視聴者は舞台となる地域のイメージを形成していることが指摘

[31]：前掲論文[7] 李(2006), pp.162-163.
[32]：中村哲「観光におけるマスメディアの影響―映像媒体を中心に」前田勇編『21世紀の観光学』学文社, 2003, pp.94-96.

されてきた[33]。

　こうした番組を通じて視聴者は、物語世界のみならず"実在の登場人物"や"歴史的背景"と絡めながら、舞台となる地域のイメージを膨らませている。さらに大河ドラマは、通常のドラマとは異なり1年間という長期にわたって継続的に放送が続く。視聴者は長い時間をかけて、その地域のイメージを定着させていくわけである。

　しかし、こうした番組テクスト周辺に観光地イメージを帰属させてしまうのは、いささか表層的にすぎる。すでに述べたように、大河ドラマは放映が開始する半年ないし1年前に（次回作が決定になった時点で）、各種の関連書籍の刊行が始まる。さらに、雑誌の関連特集が厖大に組まれ、音楽、演劇、歌舞伎、物産展など多彩な媒体が交錯するなかで、間メディア的に大河ドラマの「世界観」が形成されていく。

　それだけではない。「源義経」や「新撰組」など歴史上の"有名人"に関しては、ドラマ放映とは別に、学校の教科書や教師による逸話紹介、あるいは大河ドラマ視聴以前のテレビ番組や小説の受容体験などを通じて、私たちはすでに何らかのイメージをあらかじめ形成していることが多い。

　こうした、さまざまなイメージが複雑に交差しながら、幾重にも相互に結びつくなかで、大河ドラマの「世界観」は形成されている。つまり、観光地となる舞台イメージは、こうしたトータルな世界観に組み込まれる形で醸成されていくのであって、決して番組単体で形成されているわけではないのだ。

　したがって、大河ドラマ観光とは、大河ドラマの番組テクストの単なる追体験でもなければ、歴史的景勝地めぐりでもない。人びとが番組テクストを軸に、長い時間をかけて間メディア的に紡ぎ、歴史的記憶と現在のリアリティを往還するなかで醸成してきたある種の世界観の"ピース"をはめ込む機会に他ならない。

　大河ドラマ観光を、第2章で考察した「移動性」という観点から捉えると次のようにいえるだろう。視聴者は、テレビや雑誌、小説や映画など各種のメディアの享受を通じて、物語の舞台となる地域や時代と、視聴者自身が生きる現代社会とを往復する。大河ドラマ観光はこうして〈想像上の

33：前掲論文[14]前原(2008), p.135.

時間的・空間的な移動〉を繰り返すなかで醸成したイメージを、さらに〈身体の移動〉を通じたリアル空間の経験に潜らせて"熟成"させる行いなのである。

3・アニメ聖地巡礼と「場所」

　本章の冒頭で紹介したように、アニメ作品にまつわる場所を訪問する旅行行動は「アニメ聖地巡礼」と呼ばれる。これは前節で検討してきた大河ドラマ観光と同様にコンテンツツーリズムの一種である。では、映画やドラマ、小説などの消費がきっかけで作品の舞台を訪れる行動と、アニメ聖地巡礼とはどこが異なるのであろうか。それとも単に対象が、ドラマや映画からアニメに変わっただけで、本質的な行動パターンに変化はないのであろうか。

　ここでは特に、前節で議論を行った大河ドラマ観光との違いがあるのかないのか、そして、もし違いがあるとすればそれは何なのかについて考えたい。さらに、それらを手掛かりに、新しい「場所」観とはどういうものなのか探究してみたい。

3.1. アニメ聖地巡礼とは何か
アニメ聖地巡礼とは

　アニメ作品のロケ地、またはその作品・作者に関連する土地や建造物のうち、ファンによってその価値が認められている場所はしばしば「聖地」と呼ばれる。アニメ聖地巡礼[34]とは、アニメ聖地を訪ねたり、その周辺を周遊したりすることを意味する[35]。

　アニメ聖地巡礼は1990年代前半に始まったとみられる[36]。ただし、本格

34：大石玄は、舞台となる場所を訪問する観光行動は小説、実写映画、ドラマなどで古くから存在するものであり、同じ行動様式のものをアニメだけ「聖地巡礼」という用語で呼ぶのは議論に混乱をもたらすとして、基本的に「舞台探訪」という用語を用いる（**大石玄**「アニメ《舞台探訪》成立史―いわゆる《聖地巡礼》の起源について」『釧路工業高等専門学校紀要』45, 2011）。それに対して、宗教民俗学者の由谷裕哉は、アニメ聖地への旅が、①自己言及的な記念行為を含むこと、②苦行性、③反復性、④祈願を伴う場合があることの4点から、日本の伝統的な巡礼を継承しているため、「巡礼」という用語を用いることが妥当であるとする（**由谷裕哉・佐藤喜久一郎**『サブカルチャー聖地巡礼―アニメ聖地と戦国史蹟』岩田書院, pp.24-25, 2014）。
35：岡本健「アニメ聖地における巡礼者の動向把握方法の検討―聖地巡礼ノート分析の有効性と課題について」『観光創造研究』2, 2008, p.1 / **由谷裕哉・佐藤喜久一郎**『サブカルチャー聖地巡礼―アニメ聖地と戦国史蹟』岩田書院, 2014, p.9.
36：岡本健「アニメ聖地巡礼の誕生と展開」『CATS叢書』1, 2009, p.39.

的な聖地巡礼が始まったのは、2002年の『おねがい☆ティーチャー』の放映時に長野県大町市に大勢のファンが押しかけた頃だとされている[37]。実際のところ、アニメ聖地巡礼を支える条件が整っていくのは、2000年代以降のことである。以下では、この点について概観してみよう。

　まず、1997年頃からテレビ東京を中心に安価で規制が緩い深夜枠が開放され、大人向けの深夜アニメが増加した。さらに2000年代に入ると、アニメ制作はセル画からコンピュータに移行すると同時に、深夜アニメでは作画の精密さを競う傾向が生まれてきた[38]。デジタルの精緻な画質が登場したため、それを生かす目的で映像のディテールへのこだわりが生まれたのである。

　そのため、画的なリアルさが重視されるようになり、実際の風景を取材するロケーション・ハンティングが増加することとなった。その結果、2000年時点では実在の街を舞台にするアニメの割合は全体の4％にすぎなかったが、2003年には11％、2009年には21％、2012年には30％、2014年には35％と、徐々に増加することになった[39]。

　このように現実空間を舞台にするアニメ作品が増えるにしたがって、アニメの視聴者が作品内に現実の場所を"発見"して、「聖地」を訪問する機会も相対的に増加していくこととなった。ただし、大河ドラマとは異なり、多くのアニメ作品では舞台となっている場所を明らかにすることはない。そして、（後述するように）だからこそファン自身が、自主的に舞台となる地域や場所を探し回るという、特異な行動パターンが生み出されていくのである。

地域振興としてのアニメ聖地巡礼

　アニメによるまちおこしの最初の事例とされているのは、2007年放映の『らき☆すた』である。4コマ漫画を原作とするアニメ作品『らき☆すた』は、2007年にチバテレビなどの独立UHF局を中心に16局で放映された。この作品では、オープニング・シーンで鷲宮神社の鳥居と大西茶屋が描かれている。放送開始後まもなく、このほんの数秒間のシーンを手掛かりに

[37]：酒井亨『アニメが地方を救う!?―「聖地巡礼」の経済効果を考える』ワニ・プラス，2016，p.41．
[38]：前掲書[37]酒井(2016), pp.20-22．
[39]：前掲書[37]酒井(2016), pp.37-40．

ファンが徐々に鷲宮神社を訪れるようになった（p.40の図3-1参照）。その後、アニメ雑誌『月刊ニュータイプ』で舞台となっている場所が紹介され、多くのファンが鷲宮神社に殺到することとなった[40]。

　この状況を受けて鷲宮商工会は著作権をもつ角川書店に接触して、「『らき☆すた』のブランチ＆公式参拝in鷲宮」と題するファン向けイベントを角川書店と協力して開催、約3,500人を動員した。また、商工会では「桐絵馬形携帯ストラップ」やおみくじ入りクッキー、ポストカードなどのオリジナルグッズの制作・販売、スタンプラリーの開催などに取り組み、ストラップは14,700個完売するなど、いずれも大きな売り上げを記録した。さらに2008年には、近畿日本ツーリストと連携してファン参加型イベントの「『らき☆すた』感謝祭」を開催、約4,000人の参加者を動員した[41]。

　このように『らき☆すた』の例では、当初はファンに主導される形で聖地巡礼が次第に広まってきたが、途中から鷲宮商工会という地域側とアニメ制作サイドの角川書店とが連携・協力する形態へと変化していった。ただし、このファン、地域、制作という三者の関係は、つねに協力体制をとるとは限らない。

　たとえば、東京多摩市をモデル地としている『耳をすませば』は、多くのファンから支持されているが、制作サイドのスタジオジブリは地域振興に関して地元との連携にあまり積極的ではない[42]。また、2009年から2010年にかけて放映された『けいおん！』で主人公たちが通う高校のモデルとなった滋賀県犬上郡豊郷町の豊郷小学校旧校舎群には、多くのファンが訪問している。ただし、制作サイドは公式にはモデル地域を認めておらず、もっぱらファン主催のイベントが開催されている[43]。

　さらに、広島県竹原市を舞台とするアニメ『たまゆら』では、制作サイドの松竹と地域側のNPO法人が連携して制作を行った。しかし、松竹にとってファン参加の地域イベントはあくまでショービジネスの一環であり、より主体的な関与を期待するNPOやファンの思惑とのズレが生じている。

---

[40]：山村高淑「アニメ聖地の成立とその展開に関する研究—アニメ作品『らき☆すた』による埼玉県鷲宮町の旅客誘致に関する一考察」『国際広報メディア・観光学ジャーナル』7, 2008, p.151.
[41]：前掲論文[40]山村(2008), pp.152-155.
[42]：毛利康秀「『耳をすませば』—テーマ派生型コンテンツツーリズム」岡本健編『コンテンツツーリズム研究』福村出版, 2015, p.124.
[43]：岡本健「『けいおん！』—個人の「遊び心」の集積によるCGM的観光」前掲[42]岡本(2015), pp.136-137.

その意味では、ファン、地域、制作という三者の関係は必ずしも『らき☆すた』型の協力体制にはなっていない[44]。

このように、ファン、地域、制作の三者関係はさまざまではあるが、2010年頃から作品の放送に先立って制作サイドと地域サイドがタイアップを行い、作品プロモーションと地域振興を相乗的に仕掛けていく試みが増えてきた。たとえば、2009年の『戦国BASARA』や『サマーウォーズ』、2011年の『あの日見た花の名前を僕達はまだ知らない。』（図3-3）や『花咲くいろは』、さらには2012年の『輪廻のラグランジェ』や『あの夏で待ってる』などが挙げられる[45]。

2013年に放送された『ガールズ＆パンツァー』では、制作段階で茨城県の大洗町でロケーション・ハンティングが行われた。その時点で制作サイドと現地の役場や観光協会、商工会との関係が始まり、その後のタイアップにつながっていった。その結果、作品内では大洗町のさまざまな街並みが登場することになり、ファンによる聖地巡礼行動を促すことにつながった。また、地域で開催される各種イベントでは、『ガールズ＆パンツァー』とのタイアップで版権イラストの活用、声優トークショーなども実施された。さらに、作品に登場する54人のキャラクターの等身大パネルを町

図3-3『あの日見た花の名前を僕達はまだ知らない。』タイアップ例

出典）photo by Daisuke TAHARA

44：風呂本武典『たまゆら』―ミニハリウッド型コンテンツツーリズム」前掲書[42]岡本(2015), pp.138-140.
45：前掲書[37]酒井(2016), pp.43-44.

内各所の商店に設置する「ガルパン街なかかくれんぼ」も実施された[46]。

聖地巡礼者の属性と行動パターン

　聖地巡礼を行う人たち、すなわち聖地巡礼者とはどのような人たちで、実際にどのような行動をとるのだろうか。観光学者の岡本健の実施した質問紙調査によると、聖地巡礼者の年齢は20歳代を中心に10歳代から30歳代がほとんどである。性別的には男性が圧倒的に多く、全体の9割を占める[47]。

　聖地巡礼者の旅行中の行動にはいくつかのパターンがある。──『らき☆すた』の鷲宮神社など、聖地とされる場所や建造物の写真をアニメ作品中のシーンと同じアングルで撮影する。「聖地巡礼ノート」と呼ばれる旅のノートにアニメ絵やコメントを残す。絵馬にアニメ絵を描き（「痛絵馬」と呼ばれる）、それを残していく（図3-4）。黒板や色紙にイラストを描いていく。聖地とされる地域の商店や宿泊施設にアニメグッズを置いていく[48]。したがって、大きく分けると、現実空間のなかにアニメ的世界の"痕跡"を確認する行動と、現実世界にアニメ的世界を"刻印"していく行動（図3-5）の2パターンが見られる。

　また、アニメ聖地巡礼後に巡礼者は情報発信を行う傾向がある。具体

図3-4　痛絵馬

出典）photo by Shingo YAMADA

図3-5　アニメ的世界の"刻印"

出典）photo by Shingo YAMADA

46：釜石直裕・岡本健（2015）『「ガールズ&パンツァー」──タイアップ型コンテンツツーリズムの展開』前掲書[42]岡本（2015）、p.160．
47：岡本健「現代日本における若者の旅文化に関する研究──アニメ聖地巡礼を事例として」『旅の分化研究所研究報告』19, 2010, pp.1-19．
48：前掲論文[6]岡本（2010）、p.9／岡本健「交流の回路としての観光」『人工知能学会誌』26(3), 2011, p.259．

にはWebサイト、ブログ、SNS、掲示板などインターネット上の情報発信、あるいはガイドブックの自費出版などがある。主に、巡礼中の体験記を、聖地などで撮影した映像や動画を中心に「巡礼記」と称して公開するケースが多い。場合によっては、巡礼中にノートパソコン等の端末を使って、聖地の様子を"実況中継"するケースもある[49]。

さらに、巡礼者によって公開された数多くの「巡礼記」をアーカイブとしてまとめる動きもある。アニメには限定されないが、代表的なWebサイトの「舞台探訪アーカイブ」には、アニメ、漫画、小説など1500以上の作品の舞台をめぐる「巡礼記」がアーカイブ化されている（2016年8月現在）。

3.2. 旅行者主導型のコンテンツツーリズム

一般に、映画やドラマを使った地域振興の場合、テレビ局や映画会社、あるいは地域側が宣伝のためにロケ地に関する情報発信を行うケースが圧倒的に多い。それに対してアニメ聖地巡礼の場合、その多くでファン自身が自らアニメの背景となった場所や地域を探し出している[50]。逆に制作サイドは、舞台背景とした地域に関する情報をあまり積極的に開示しない傾向にある。

旅行者来訪のパターン①―フィルムコミッション型

コンテンツツーリズムにおいて、旅行者が作品の舞台やロケ地を訪れるようになるプロセスには大きく分けて2パターンある[51]。ひとつは「フィルムコミッション型」である。これは、各地のフィルムコミッションや観光協会が中心となって、ドラマやアニメ、映画のロケ地観光を推進する手法である。

わが国では、特に文化コンテンツが観光資源として注目されるようになった2000年代以降、フィルムコミッション（以下FC）が全国的に急増して、地域の観光推進の一翼を担ってきた[52]。地方分権化の流れのなかで、

49：前掲論文[6]岡本（2010），pp.9-10．
50：岡本健「コンテンツツーリズムの現場からみる空間概念―現実・情報・虚構空間をめぐる観光旅行のあり方」『地理』60(6)，2015，p.21．
51：山村高淑「アニメ・マンガで地域振興」東京法令出版，2011，p.75．
52：前澤哲爾「フィルムコミッションによる地域活性化の可能性」『月刊自治研』50(581)，2008，p.43．なお、

1990年代の後半から、各自治体は限られた予算で一定の効果を生む文化資源を活用した地域活性化策を求めていた。FCが注目されたのは、こうした文脈においてである。

各自治体がFCの設立に飛びついたのは、映画やドラマの撮影隊を誘致し、地域の自然や風景、街並みなどを映像化して全国に発信することで、地域のイメージアップや観光客誘致につなげようとする目論見があったからである。

たとえば、映画『世界の中心で、愛をさけぶ』のロケ地決定の背景には、香川FCによる東宝への働きかけがあった。実際、舞台となった庵治町には映画公開後、観光客が殺到することになった。映画で取り上げられた神社境内のブランコには行列ができ、JR四国ではロケ地をめぐるバスツアーを企画するほどのブームとなった[53]。

旅行者来訪のパターン②──旅行者先導型

しかし、旅行者が作品の舞台を訪れるプロセスは、こうした「フィルムコミッション型」にとどまらない。もうひとつは「旅行者先導型」であり、一部のファンが作品などを手掛かりに舞台やロケ地を探し出し、それがネット上のコミュニケーションを通じて情報拡散して、旅行者が増えていくというパターンである。アニメ聖地巡礼の多くはこのパターンにあてはまる。このケースでは、もともと制作者側も舞台に関する情報をほとんど開示していないため、地域側にも作品やロケ地に関する情報はほとんどない。そのため、文字通りファン自身が先導する訪問形態といえる。

このパターンは、通常、パイオニア的なファンがロケ地を探し当てる初期段階から、舞台となった場所がマスメディアで紹介されて多くのファンが訪れる拡散段階へと、そのプロセスをたどる。たとえば、2007年4月に『らき☆すた』のアニメ版が放送開始となった直後の段階では、パイオニア的ファンが鷲宮神社をひっそりと訪れ、写真を撮っていくにすぎなかった。ところが、7月にアニメ雑誌で舞台となっている場所が紹介されると、

全国フィルム・コミッション連絡協議会に加盟しているのは全国で101団体となる(2009年3月現在)。全国フィルム・コミッション連絡協議会公式Webサイト(http://www.japanfc.org/film-com090329/fc.html)を参照。

53：玉懸慎太郎『「純愛の聖地」の町づくり─映画『世界の中心で、愛をさけぶ』とそのロケ地・香川県木田郡庵治町』『人文地理学会大会 研究発表要旨』0, 2014, p.31.

鷲宮神社を訪問するファンが急増して、キャラクターを描いた絵馬を奉納したり、アニメと同じ構図で現地写真を撮影したりする訪問者が多くなり、本格的な観光現象となっていった[54]。

聖地巡礼を行う旅行者は大きく3パターンに分けられる[55]。初期段階に自力で聖地を発見する「開拓的聖地巡礼者」、開拓的聖地巡礼者がブログなどで発信する「巡礼記」の聖地情報を参考にして巡礼を行う「追随型聖地巡礼者」、そして聖地巡礼のニュースや記事に触れて場所を知り巡礼を実践する「二次的聖地巡礼者」である[56]。

開拓的聖地巡礼者は、アニメ作品のなかで登場する地名、駅名、店名、あるいは作者のプロフィール、作者の過去の作品から見られる傾向などを手掛かりに舞台となっている「場所」を探す。そして、ストリートビューや航空写真などを使って場所の特定を行う。そういう意味では、自治体が作品舞台を大々的に広報する大河ドラマとは全く異なる「場所」の成り立ちがみられるのだ。

旅行者主導型コンテンツツーリズム

以上のように、アニメ聖地巡礼の旅行者移動の特徴は、地域側が手がける振興策や、観光業界・メディア業界の仕掛けに旅行者が牽引されているわけではないという点にある[57]。たとえばフィルムツーリズムでは、自治体観光課やフィルムコミッションが地域振興のためにロケ地を観光資源として、いわば内外に"売り込む"手法がとられる。場合によっては、旅行会社などと連携して「○○をめぐるツアー」が組まれることも少なくない。

それに対して、アニメ聖地巡礼では、拡散段階においてマスメディアが媒介することがあるにせよ、観光資源そのものを発見し、それに価値を付与していくのは、基本的にアニメファン自身である。地域側や観光業界＝メディア業界側は、そもそも何に観光価値があるのか、旅行目的は何なのかを当初は認知していない。その意味で、これは「旅行者主導型のコンテンツツーリズム」といえよう。

54：山村高淑「アニメ聖地の成立とその展開に関する研究」『国際広報メディア・観光学ジャーナル』7, 2008, p.151.
55：前掲論文[6]**岡本**(2010), pp.7-8.
56：前掲論文[48]**岡本**(2011), pp.258-259.
57：前掲論文[36]**岡本**(2009), p.50.

では、どうして従来の観光行動とは異なる移動パターンが生まれているのだろう。巡礼者に対する質問紙調査によると、巡礼者の情報源で最も多いのがインターネットであり、書籍や雑誌、テレビといったマスメディアをはるかに凌駕している[58]。その内実は、SNSや動画投稿サイトなどを除くと、アニメ関連のブログ、聖地巡礼関連のWebサイト、個人ブログ、オンラインゲームの友人などとなっている。

　これほどインターネットが情報源として活用されるのは、ネット上に「聖地に関するデータベース」が生成されているからである[59]。すでに述べたように、聖地巡礼者のなかには、巡礼後に自分の経験や現地で撮影した写真に基づいて巡礼記を記し、ブログやホームページにアップロードする者たちがいる。また、多数存在する巡礼記をデータベース化しているWebサイトも存在する（「舞台探訪アーカイブ」など）。

　さらに、巡礼中に知り合った旅行者同士、あるいはブログ運営者と読者が、メールやSNSで連絡を取り合うことも少なくない。こうした情報空間のなかで、場所に関する情報や、さまざまな経験に関するエピソード、主観的な想いや感想などの情報が蓄積されていく。このような「聖地に関するデータベース」が、旅行者たちの空間的移動を支える情報インフラとして機能しているのだ。

　通常の観光であれば、旅行者はテレビやガイドブック、観光地や旅行会社が発信する情報を参考に、何に観光価値があるのか学習して目的地を選んできた。それに対して、アニメ聖地巡礼では、行動を起こす際に拠り所となる情報そのものを旅行者自身が発信するようになっている。要するに、従来の観光行動とは異なり、観光に関する情報を地域や企業が発信するのではなく、旅行者自身が継続的に発信し、改訂作業を行っているのである。

3.3．コンテンツの自己充足的消費
観光地をめぐる"転倒"

　その結果、一般的な観光とは異なり、アニメ聖地巡礼では奇妙な"転倒"が起こる——旅行者が観光地に熟知している一方で、その地域の人た

---

[58]：岡本健「旅行者主導型コンテンツツーリズムにおける観光資源マネジメント」『日本情報経営学会誌』32(3)、2012、p.66。
[59]：前掲論文[48]**岡本**(2011)、p.259。

ちは自分たちの地域の観光価値が分からないという事態である。

　たとえば、なんの変哲もない住宅地や公園が観光対象となる。あるいはごく平凡な道路や橋を目当てに旅行者が集まる（図3-6）。こうした街なかの景色が、作品の舞台となっているからである。ところが、地元住民は、なぜ多くの人びとが、ありきたりの日常的な場所に群がっているのか理解できない。もともとのアニメを知らないからである。いわゆる"普通"の生活風景に対してカメラを向ける来訪者の姿は、場合によっては地元の人たちから見るとかなり"奇異"に映る[60]。

　こうした転倒は、地元住民よりも旅行者のほうが観光資源の知識が豊富であることに起因する。アニメ聖地巡礼の観光資源は、コンテンツの世界観やキャラクターが中心となることが多く、そういった場合、そのコンテンツのファンである旅行者のほうが情報を多くもっている。同じコンテンツツーリズムでも、先に挙げた大河ドラマのようなケースであれば、作品の舞台となる実際の歴史的建造物が観光資源となる。その場合、観光に関する情報蓄積において、観光資源を所有する地域側がイニシアティブを握ることが普通である。それと比べると、聖地巡礼では実態のない「物語性」が観光資源を生み出す。しかも、それは平凡な景色や場所であること

図3-6　あるアニメのワンシーンの舞台となった橋

出典）photo by Daisuke TAHARA

60：前掲書[50]岡本(2015), p.23.

が多く、通常の観光資源の価値基準からは外れているのだ[61]。

　しかし、こうした"転倒"が意味するのは、単なる地域側と旅行者側の情報の多寡ではない。そこには観光資源の"質"そのものの転換がある。

　旅行者を対象に実施された質問紙調査によると、アニメ聖地巡礼の「良かった点」として挙げられているのが、いずれも「アニメの世界の追体験」に関わる項目となっている。それは、「その土地の文化や歴史に触れること」ではなく、あくまでも「アニメの背景を巡る行為」である[62]。

　大河ドラマの現地訪問では、ドラマと現実が交錯するなかで地域がリアルな価値を帯びてくるが、アニメ聖地巡礼では、現実の場所はアニメという虚構世界を支えるプラットフォームにすぎない。重要なのはフィクションである世界観であり、現実の場所はそれを呼び起こす"係留点"として位置づけられているのだ。

　このような現実世界からの切り離しは、もともと制作段階で意図的に行われている。アニメ制作において実際の地域が作品の舞台として参照される場合、どこが舞台となっているかは明らかにされることは少ない。また、背景として使用する場合でも、微修正や合成によって、あえて架空の場所をつくりあげるケースも少なくない[63]。こうした意図的切り離しは、アニメ聖地巡礼における〈架空空間〉と〈現実空間〉の関係性をよく表している。それは、反映関係や表象関係というものではない。文脈を異にする2つの世界の平行関係である。

メディアミックスと地域

　それでは、なぜアニメファンたちは"地域"という現実空間を欲したのであろうか。ここでは、メディアミックスという視点から「地域」を捉え返してみたい。メディアミックスとは、「異なるメディア間で、共通の作品（コンテンツ）を同時展開していく戦略」を意味する[64]。

　1990年代から、アニメだけでなく、マンガ、コンピュータゲーム、小説、映画、イベントなどで、コンテンツの相互乗り入れが進んだ。コンテンツ

61：前掲論文[58]**岡本**(2012), p.61.
62：前掲論文[48]**岡本**(2011), pp.261-262.
63：前掲論文[36]**岡本**(2009), p.45.
64：前掲書[51]**山村**(2011), p.50.

が特定メディアから解放され、複数のメディアで享受可能になったのだ。その結果、たとえばあるゲーム・コンテンツに関心をもった人が、それまで接点のなかったマンガや小説の同一コンテンツにアクセスするような事態が生まれやすくなった。

2000年代以降に生じたのは、こうしたメディアミックス状況に「地域」という新たなメディアが加わったことである[65]。特定コンテンツのファンは、多彩なメディアを通じて同一の世界観を相互媒介的に楽しむことができる。こうしたメディアミックスのなかでも「地域」というメディアは、物理的移動性や身体性を媒介にしているだけに、当該世界観の媒介として特異な意味合いをもつ。つまり、アニメファンが「地域」に身を置くことで、その場所がアニメの世界観への接続を可能とするプラットフォームとして機能し始めるのである。そこでは、現実の空間=「場所」がアニメの世界観をより強固にする"触媒"となっているといえよう[66]。

アニメの世界観のリアル空間への浸食

さらに近年では、アニメ世界の〈架空の空間〉が現実の〈リアルな空間〉に浸潤しつつある。2011年に放映されたアニメ『花咲くいろは』の作品中では「ぼんぼり祭り」という架空の祭りが描かれている[67]。この祭りは実際には存在しない。あくまでもフィクション内部に設けられた創造物にすぎない。しかし、2011年にこの「ぼんぼり祭り」は実際に催行された。しかも、単なるプロモーションや地域振興の一環としてではなく、神職による祈祷も行われる本格的な催事としてである。今後も、湯涌稲荷神社の正式な祭りとして継続する予定だという。

また、同じく2011年に放送されたアニメ『あの日見た花の名前を僕達はまだ知らない。』は、埼玉県秩父市を舞台にしている。秩父市吉田地区では、農民手作りのロケット花火（龍勢）を打ち上げて神社に奉納する「龍勢祭り」が伝統的に催行されている。アニメの作中ではメンバーが協力して龍勢を打ち上げる物語になっているが、これに倣ってファングループが作品の主人公グループの「超平和バスターズ」として奉納参加している。

65：前掲書[51]**山村**(2011), p.53.
66：前掲論文[6]**岡本**(2010), p.59.
67：この作品は石川県金沢市の湯涌温泉を舞台にしている。

左記の事例ではいずれも、現実のリアル空間は〈アニメの架空世界へ飛躍するための"触媒"になっている〉という次元を超えている。むしろ、アニメの世界観が現実空間へと滲み出してきている。そして、リアル空間そのものが、架空の世界観に合わせて再帰的に再構成されつつあるといえよう。

　こうした現実構成は、「テーマ派生型コンテンツツーリズム」と呼ばれる現象においては、より先鋭的に現れている。すでに述べたように、スタジオジブリは地域振興にはあまり積極的ではない。そのためアニメ『耳をすませば』の舞台となる東京都多摩市では作品の二次利用ができない。こうしたなか、地元では「ファンの青春を応援する」という、作品世界から"派生"したコンセプトを打ち出した活動が生まれた。それが「青春のポスト」の設置である。これは、願い事や決意を投函してもらって、ファンの青春を応援するものである。

　つまり、この事例では作品の世界観が、アニメ世界の"内部"にも存在しない物語性を新しく創造し、それを具象化したモノが現実空間に埋め込まれているのである。ここまでくると、「メディア空間が現実空間をプラットフォームとしている」という次元を超えて、メディア空間によって現実空間がいわば"換骨奪胎"され始めていることが分かる。アニメの世界観が、現実世界に浸潤しているのである。

4・新しい「場所」観からまちづくりへ

　本章では、近年のコンテンツツーリズムが新しい「場所」観を生み出しているのかどうかを議論するために、「アニメ聖地巡礼」に焦点を当てて考察を行ってきた。その際に、比較検討の対象として伝統的なコンテンツツーリズムである「大河ドラマ観光」を選び、それぞれに見られる行動パターンの特徴を検討してきた。そこで、最後に両者の違いをあらためて整理しておこう。

　大河ドラマ観光とは、番組を見た視聴者が、舞台となった土地をめぐることで番組を"追体験"する、というような単純なものではなかった。大河ドラマの世界観を体験する機会は、番組だけに閉じられているわけでは

ない。大河ドラマ関連の他の番組や、雑誌、小説、演劇、歌舞伎、音楽などの他のメディア、さらには学校の授業や教材などを通じて、長い時間をかけて間メディア的に構成されている。

　こうした多層的な経験を通じて、大河ドラマの世界観は"社会的"に形成されているといえる。その世界観は、歴史的な記憶と現代社会のリアリティを往還するなかで紡がれている。大河ドラマ観光とは、このような〈想像上の時間的・空間的な移動〉を繰り返すなかで形成された世界観を、さらに〈身体の移動〉を通じたリアル空間（場所）の経験を通じて醸成していく行いに他ならない。

　したがって、大河ドラマ観光においては、舞台となった「場所」は、社会的に形成された一連の世界観それ自体を構成する要素となっている。場所そのものに、時間をかけて醸成された"社会的"な情動や記憶が刻印されているのである。

　他方で、アニメ聖地巡礼で、舞台となった土地をめぐる行為は、「その土地の文化や歴史に触れること」ではなく、あくまでも「アニメの背景を巡る行為」に他ならない。そこでは現実の「場所」そのものは、アニメの虚構世界を構成しているわけではない。むしろ「場所」は、アニメ的世界観を呼び起こすための"触媒"として機能している。アニメ聖地巡礼においては現実の場所は、アニメという虚構世界を支えるプラットフォームにすぎないのだ。

　第2章で検討した「コンテクスト」概念を用いるのであれば「場所」は、アニメの世界観という新たな「コンテクスト」を呼び出すための装置として機能している。つまり、聖地巡礼における「場所」は、社会的に形成されたその土地のイメージとは全く異なるコンテクスト（アニメの虚構世界）を喚起するための「コンテクスト・マーカー」となっているのだ。

　このように、ある建物、ある街路に遭遇するだけで、たちどころに異空間の経験世界を立ち上げることができる——こうした瞬時のコンテクスト転換を引き起こす"呼び水"として「場所」は新たな意義を帯び始めているといえよう。

　こうしたコンテクスト転換の"容易さ"がここにきて現れるようになったのは、それだけメディア的な経験が私たちの生活経験のなかで大きな位

置を占めるようになっているからに他ならない。そして、この「コンテクスト転換」をより積極的にまちづくりのなかに活かそうとする動きも現れ始めた。そのひとつが、第4章で検討する「リノベーションまちづくり」である。

第4章
現実空間のコンテクスト転換
——リノベーション／テーマ化／景観／地域ブランド——

1・はじめに—人口減少時代とリノベーションまちづくり

　人口減少時代を迎え、空き家増加による地域荒廃、あるいは空き店舗やシャッター街増加による市街地空洞化が深刻化している。地方のみならず、大都市でも人口減少を避けられない状況が明らかになりつつある現在、「定住人口の増加」というあまり現実味のない目標を追い求めるのではなく、観光や旅行、週末居住など、交流人口による活性化を見据え始めた地域も少なくない。

　しかし、「衰退」や「空洞化」が進んでいるという地域イメージを払拭するために、新たな再開発を行う財政的余裕はどの自治体にもない。インフラを合理的に縮小したコンパクトシティを目指そうにも、それを整備する財源など限られている。実際、青森市の事例をみても分かるように[1]、コンパクトシティを目指す都市政策の前途も必ずしも明るいわけではない。

　こうしたなか、20年ほど前から「景観まちづくり」、「地域ブランド」、「地域プロモーション」といった言葉が注目されるようになってきた。また近年では、空き家や空きビルなどのストック資源をうまく活用したまちづくり、いわゆる「リノベーションまちづくり」が各地で行われ、人口減少時代のまちづくりの方法のひとつとして広く関心を集めている。たとえば、尾道では古い木造家屋を再生させる取り組みが進んでいる（図4-1）。

　これらの動きに共通するのが、大規模な再開発をするのではなく、既存の資源を活用しながらその地域のイメージをうまく転換させることによって、人や産業を引きつけていく活性化方法である。つまり、第3章で論じたように、現実空間を作り変えるのではなく、そのイメージ・コンテクス

---

[1]：青森市では空洞化した中心市街地ににぎわいを取り戻す「コンパクトシティ」政策を推進してきたが、2016年にはその中心となる複合商業施設「アウガ」が事実上の経営破綻に陥った。

トを転換することによって、その「場所」自体を新しく生まれ変わらせる方法が注目されるようになっているのだ。

本章では、こうしたまちづくりの方法として「リノベーションまちづくり」に注目する。そして、それが具体的にどのような方法で地域をよみがえらせているのか見ていきたい。

前提として、どのような歴史的経緯のなかからこうした方法が生まれてきたのか、少し経緯を振り返って整理しておこう。それは、一見無関係にみえるテーマパークの普及や景観まちづくりへの関心の高まり、ショッピングモールの増加とも微妙につながっている。以下では、1970年代頃から顕著になった都市デザインにおけるテーマパークの影響から、1980年代以降の景観への関心の高まり、そして2000年代以降の「地域ブランド」概念の普及をたどることで、その流れの先に現れてきた「リノベーションまちづくり」という動きがどのような「場所」観に基づいているのか、考えてみたい。

図4-1 旧和泉家別邸（通称ガウディハウス）

出典）旧和泉家別邸（通称ガウディハウス）onomichi#25 by gacha223（Flickrより）

2・背景となる流れ

本節では、「リノベーションまちづくり」へとつながる流れを、大きく3つの観点から整理してみたい。ひとつめに、「テーマ化」を取り上げる。これは、その土地とは無関係なイメージを場所に添加する空間演出法を意味する。こうした手法は、当初は観光や商業開発のなかで使われていたが、後にまちづくり全般に広がっていくのだ。

2つめとして、「景観まちづくり」に焦点を当てる。「景観」は、ある地域や土地を視覚的に捉えたものだが、それが次第にまちづくりのなかにも浸透していく。その動きのなかで、地域アイデンティティを視覚イメージで可視化する認識が広まっていく。

そうした地域の視覚イメージ化の手法を組み込みながら、地域全体を

"プロモーション"していく動きが生まれてくる。それは「地域ブランド」という言葉が注目されていくことにもつながってきた。そこで、最後に「地域ブランド」の動きを整理しておきたい。

2.1. コンテクスト転換——テーマ化

　第3章では、コンテンツツーリズムのひとつ「アニメ聖地巡礼」において、新しい「場所」観が見られることが確認された。そこでは、アニメ作品の舞台となった建物や地域との遭遇がきっかけとなり、その土地とはまったく無関係なアニメの虚構世界が、巡礼者の経験のなかで呼び出される。つまり、「場所」を触媒としたコンテクスト転換が生じていたのだった。

　このようなコンテクスト転換が、コンテンツツーリズムの取り組みのなかで意識されるようになったのは最近のことかもしれない。しかし、観光開発や商業開発のなかでは、リアル空間にその土地とは無関係な想像世界を再現してしまうリアリティ操作方法は、以前から見られるものである。そうした環境演出法は、「テーマ化」という概念で捉えられることが多い。そこで、ここでは「テーマ化」が国内で広まってきた経緯をおさえながら、それがいかに後のまちづくりの取り組みへとつながっていくのかを考える基礎固めをしておきたい。

ディズニーランドとテーマ化

　イギリスの社会学者アラン・ブライマンは、ディズニー・テーマパークがさまざまな社会制度や慣行に少なからぬ影響を与えていると指摘し、それを理論的に捉えるために「ディズニーゼーション」という概念を造語している。それは、「テーマ化」、「ハイブリッド消費」、「マーチャンダイジング」、「パフォーマティブ労働」の4つの次元からなる。

　ここで注目したいのは「テーマ化」である。「テーマ化」とは、「『ワイルド・ウエスト（荒野の西部）』をナラティブ（物語）にしたカジノやレストランのように、対象となる施設や物体をそれとはほとんど無縁のナラティブで表現すること」を意味する[2]。つまり、物理的な外観やデザイン、

2：アラン・ブライマン／能登路雅子監訳『ディズニー化する社会——文化・消費・労働とグローバリゼーション』明石書店, 2008, p.15.

サービスや雰囲気の意図的統一化の仕掛けを通じて、その場とは無縁の物語世界を再現する操作のことを「テーマ化」と呼ぶ。

この「テーマ化」概念の含意をもう少し掘り下げてみよう。社会学者の吉見俊哉は、ディズニーランドの「空間的な閉鎖性」に注目する。

> ディズニーランドでは、様々な障害物によって園内からは外の風景が見えず、全体が周囲から切り離されて閉じた世界を構成している。東京ディズニーランドの場合、園内を周遊している者は自分が浦安という町の片隅にいることを意識しないし、東京の郊外にいることすらも忘れているであろう[3]。

入園者は、こうした絶妙な視覚的調整によって、ファンタジーランド、アドベンチャーランドなど個々のランドや場面が提供する架空の物語世界に没入していくことが可能となっている。

ディズニーランドでは、他にも現実空間からの離脱をごく自然に促す多彩な仕掛けがほどこされている。たとえば、入園者が物語世界へ心理的に浸っていくプロセスを効果的に実現するために、ディズニーランドではただひとつの入り口しか設けていない。また、ワールドバザールの店舗ファサードの遠近法的縮尺は、遠くにいくほど段階的に小さくなるようになっている。それによって、「人々と街並みのあいだにノスタルジックな距離をつくり出し、彼らを日常の現実から遊離させて郷愁の世界に誘い込むこと」が可能となっているのだ[4]。では、ディズニーランドが入園者を誘う「物語世界」とは何なのだろうか。それは、現実世界の「模倣」なのだろうか。たしかに、ウエスタンランドは「開拓時代のアメリカ西部のフロンティア」を、アドベンチャーランドは「熱帯ジャングルといった地球規模のフロンティア」を、擬似的に再現している。

実際、前述の社会学者ブライマンは、「テーマ化」の系譜的起源のひとつに万国博覧会や世界博覧会を挙げている[5]。19世紀の博覧会では、西欧か

---

[3]: **吉見俊哉**「シミュラークルの楽園―都市としてのディズニーランド」多木浩二・内田隆三編『零の修辞学―歴史の現在』リブロポート, 1992, p.92.
[4]: 前掲書[3] **吉見俊哉**「シミュラークルの楽園」多木・内田(1992), p.99.
[5]: 前掲書[2] **ブライマン**(2008), p.53.

第4章：現実空間のコンテクスト転換

らみた「フロンティア」であるアフリカ、アジア、中近東のさまざまな品物、動物、人間が再現され、展示された。そこでは近代の俯瞰的まなざしの下で、アフリカやアジアの現実が「模倣」されていたのである[6]。

しかし、ディズニーランドで再現されているのは「現実」ではなく「空想」である。入園者がアドベンチャーランドで目にするジャングルやワニは、「本物」の熱帯ジャングルやワニを模倣したものではない。動物や自然に対する私たち自身の「幻想」や「イメージ」を投影したものにすぎない[7]。そして、こうした「幻想」や「イメージ」は、ドラマや映画、広告などのメディアを通じて、社会のなかで醸成されているものである。つまり「テーマ化」とは、メディア的幻想を自己準拠的に再現する操作に他ならないのだ。

テーマ化の日本的源流

ブライマンによると、テーマ化の空間戦略は各国においてさまざまな施設や場面で利用されるようになっている。テーマパークはもとより、レストラン、ホテル、モール、文化遺産、小売店、動物園、観光地、観光ツアー、街全域、博物館など、あらゆる局面で私たちはある種の物語世界へと誘われている。もちろん、こうした流れは単純にディズニー・テーマパークの登場によるものだとはいいきれない。しかし、少なくともディズニー・テーマパークの知名度の高さがテーマ化原理の普及を促す大きな要因となったのは事実である[8]。

では、わが国の場合、テーマ化の原理はどのように現れ、どのような経緯で拡散してきたのだろうか。日本にディズニーランドが誕生するのは1983年である。だが、それ以前の1970年代から「テーマ化」の空間戦略が出現していたことはつとに知られている。社会学者の吉見俊哉はその有名な盛り場研究のなかで、すでにパルコによる1970年代の渋谷公園通り界隈の商業地開発において、「テーマ化」原理が出現していることを指摘している。

6：**吉見俊哉**『博覧会の政治学—まなざしの近代』中央公論社, 1992.
7：Umberto Eco, *Travels in Hyperreality*, Harcourt Brace Jovanovich, 1983.
8：前掲書[2]**ブライマン**(2008), pp.56-108.

1955年に始まった高度経済成長にともなう東京郊外居住地域の爆発的拡大を背景として、多くの若者が渋谷や原宿、青山などの盛り場に集まってきた。彼らは、『ぴあ』『シティロード』などのカタログ的情報誌、あるいは『アンアン』『ポパイ』などのファッション誌を参考に、渋谷をはじめとする盛り場に出向いた。これらの雑誌は、どこで何を観て、何を食べ、何を着ていくべきかをめぐる"ストーリー"を教えてくれる"台本"の役割を果たしたのである[9]。

　このとき、パルコは若者たちを引きつけるべく、彼らの価値観の多様化に対応するような空間戦略を打ち出した。特定のテーマや志向性に基づく街空間や商品をテーマ別に細かくセグメント化し、似たような価値観をもつ人びとを求心的に引きつけるような空間設計を行ったのだ。

　また、それぞれのセグメントに集まる人びとが互いに"見る／見られる"状況が可能になるよう空間を演出し、似た者同士の価値観を相乗的に増幅する「街のステージ化」を図った。さらに「スペイン通り」のような、当時の渋谷の街とは何の関係もない異国風のネーミングを施すことで、空間イメージを一気に転換させる方法を試みた[10]。

　こうしたパルコの空間戦略は、後に空間演出法として一般化する「テーマ化」の手法を、先取り的に実践したものであった。吉見によると、このパルコの空間演出とは、「地域が育んできた記憶の積層から『街』を離脱させ、閉じられた領域の内部を分割された場面の重層的なシークエンスとして劇場化していく」方法であった[11]。

テーマ化の拡散

　こうした「街」から遊離した閉鎖的なテーマ空間の演出法は、1980年代になると、各地のショッピングセンターの空間的デザインへと応用されていった。1970年代にわが国に登場したショッピングセンターは、1980年代に入ると、時間をかけて買物を楽しむ「時間消費型」の装置として位置づけられるようになった。とりわけ1980年代後半になると、「つかしん」や「MYCAL本牧」など、多くのショッピングセンターが「街」を模した空

9：**吉見俊哉**『都市のドラマトゥルギー――東京・盛り場の社会史』弘文堂, 1987, pp.306-307.
10：前掲書[9]**吉見**(1987), pp.298-300.
11：前掲書[3]**吉見俊哉**「シミュラークルの楽園」多木・内田(1992), p.124.

間演出を行うようになった。入り組んだ路地、ストリート・ファニチャー、彫刻や植栽、色彩の工夫などを通じて、「中世ヨーロッパ」や「アメリカ西海岸」風の街並みを擬似的に再現したショッピングセンターが各地に数多く登場するようになったのだ[12]。

　他方で、1983年開園のディズニーランドの商業的成功は、各地にテーマパーク開発の激増と「テーマ化」手法の急速な普及をもたらした。とりわけ、1987年頃から1990年前後にかけては、バブル景気を背景とした開発ブームが日本全土を覆い、その追い風を受けて多くの地方都市が「観光によるまちづくり」としてテーマパーク建設に着手した。その代表的な取り組みとしては、夕張市「石炭の歴史村」、芦別市「カナディアンワールド」、荒尾市「九州アジアランド」などがある。この時期、全国で実に約100箇所にも上るテーマパーク計画が構想されたのである。

　もちろん、これらの計画の過半数はバブル崩壊後に頓挫した。しかし、同時に1990年代になるとテーマ化の空間演出法は、観光をめぐるさまざまな業態・施設へと拡散していくことになった。それは遊園地のみならず、博物館や美術館、水族館や工芸村、森林公園や植物園など、多彩な業態へと広がっていった。

　それだけではない。テーマ化の手法が観光まちづくりにも活用されるようになったのだ。たとえば、長野県の小布施町や妻籠、大分県の湯布院、伊勢神宮前の「おかげ横丁」などでは、集客を図るべく、街並み全体を「テーマ」に沿って広域的に環境整備し、一体化した雰囲気を演出する「テーマ化」の手法を活用した[13]。またこの時期、ショッピングセンターもテーマパーク的手法を取り入れ、盛んに「エンターテインメント、お祭り、非日常性、演劇性という観点から演出」することが取り組まれた[14]。

　さらに2000年代以降になると、都市間・地域間競争の激化によって、さまざまな場所が人、モノ、情報を引きつけるべく大きく再編されていく。そのひとつの流れとして、汐留シオサイト、東京ミッドタウン、あるいは渋谷ヒカリエなどの都心の大規模再開発や、羽田空港など空港の再開発に

12：南後由和「建築空間／情報空間としてのショッピングモール」若林幹夫編『モール化する都市と社会―巨大商業施設論』NTT出版、2013、pp.146-147.
13：田所承己「テーマパーク化する空間環境―地域型テーマパークと〈観光のまなざし〉」『早稲田大学大学院文学研究科紀要』44(1)、1998、pp.64-69.
14：前掲書[12]**南後由和**「建築空間／情報空間としてのショッピングモール」若林（2013）、p.149.

おいて、ショッピングモールを中核に据えた再開発が急増している。こうした近年の大規模再開発では、たとえば羽田空港新国際線ターミナルの商業施設にある江戸の街並みを模した「江戸小路」などが典型的だが（図4-2）、テーマ化の空間演出法がふんだんに活用されているのである[15]。

図4-2　羽田空港の江戸小路

出典）江戸小路 photo by T M（Flickrより）

以上、「テーマ化」という環境演出法がいかに広がってきたのか整理を行った。後に、コンテンツツーリズムのなかで注目されるコンテクスト転換の手法は、商業開発や観光開発では早い段階で活用されていることが確認された。

2.2. 地域を視覚イメージで可視化—景観まちづくり

次に考えてみたいのは「景観まちづくり」である。本項では、地域アイデンティティや地域イメージを、視覚イメージによって可視化していく認識がいかに生まれてきたのか、その経緯をおさえておきたい。

地域イメージを、「景観」などの場所の視覚的イメージで表すことは決して当たり前ではない。特産品や地場産業など、地域のシンボルになるものが少なくないなか、場所の視覚的イメージが突出してきたことは、近年のまちづくりの取り組み方法や、その方向性に大きな影響を与えることになったのだ。

景観の捉え方の拡大—1970年代

やや荒い括り方をするなら、1970年代前半までは「景観」は、あくまで開発に対する既存環境の「保全」という関心のなかで、いわば"消極的"に捉えられているにすぎなかった。この時期を振り返ると、1960年代から1970年代にかけて高度経済成長にともなう急速な都市化や開発による環境

---

[15]：速水健朗『都市と消費とディズニーの夢—ショッピングモーライゼーションの時代』角川書店、2012、p.39/p.48．

へのひずみが各地で表面化し、自然環境や住環境の破壊に対する異議申し立ての運動が全国的に広がっていった。

たとえば、1960年代後半から1970年代前半にかけて、金沢、倉敷、高山、京都、奈良などで、歴史的な町並みや史跡の破壊に対して住民たちが保存運動を活発化させていった。その結果、各地で町並み・景観保全の条例が制定されることにつながった。

こうした流れが転換して「景観」をより積極的に捉える動きが出てくるのが、1970年代後半からである。当時の新全総（新全国総合開発計画）の開発方式とは、新幹線や高速道路網のネットワーク整備を基盤とする大規模プロジェクトによって、地域格差を是正していくというものであったが、こうした開発方式は、1973年のオイルショックと高度経済成長時代の終焉によって、もはや時代に合わなくなっていた。

そこで、政府が財政難のなか1977年に策定した第三次総合開発計画では、地域間格差を是正するために、もはや大型公共事業に頼るのではなく、地方の居住環境を改善する「定住圏構想」に切り替える方針を打ち出す。要するに、地方都市を住みやすい環境にすることによって、地方都市から大都市圏への人口流出を止めようとしたわけである。

この「定住圏構想」では、地方への定住が進まない原因は雇用不足にあるというよりも、むしろ都市的な生活環境や文化的な施設が不足していることにあるとみなされた。そして実際、この視点は1980年代の政府のさまざまな事業を導く基盤となっていった。

また、定住圏構想は「地方の時代」「文化の時代」という機運を作って、自治体行政にも大きな影響を与えていった。まちづくりの面では、それまでの画一的な都市整備ではなく、地域の特性に即したまちづくりを進める動きが高まってくる。

その結果、それまでのような歴史的に価値がある史跡や景観だけでなく、一般市街地の景観に注目する動きが生じてきた。その代表的なものが、神戸市の都市景観条例（1978年）である。神戸市では、観光資源として注目されつつあった「異人館」のある北野山本地区を地域指定し、修景基準を設けるなど積極的に景観形成を図った[16]。

16：垂水英司「神戸市における景観形成の試み」『建築雑誌』98(1202), 1983, pp.56-57.

景観と地域アイデンティティ―1980年代

　他方で、政府も地域の特性に即したまちづくりを支える手立てをさまざまに講じた。たとえば、旧建設省は都市の歴史や文化、自然環境など固有の資産を活かしたモデル事業を推進した。歴史の道筋を活かす歴史的地区環境整備街路事業（1982年）、地域の気候風土を活かした住まいづくりを目指すHOPE計画（1983年）など各種のモデル事業は、各地の景観まちづくりの取り組みを支援した。たとえばHOPE計画では、北海道津別町の地場産の木材を使用した公営住宅の建設、島根県江津市の石州赤瓦を利用した住宅の建設など、地域の地場産業を活かした住宅づくりが進められた[17]。

　こうして、「景観」への関心は、従来のような「歴史的景観の保全」を越えて、より一般的な広がりをみせると同時に、自然や文化など地域固有の"資産"への関心と連動していくこととなった。その結果、「景観」に対する注目は「地域の価値の発見」を媒介に「都市の個性化」や「地域アイデンティティ」への関心と結びつくようになっていく。

　この時期、企業経営において企業イメージの改善が注目を集め、「CI（コーポレイト・アイデンティティ）」概念が取りざたされるようになっていた。こうしたイメージ戦略への取り組みは自治体にも広がり、「新CI（コミュニティ・アイデンティティ）」という概念が注目される。自治体自身にも企業と同様に、「魅力あるイメージ」を模索する動きが出てきたのである。「景観」は、まさしくこうしたCIへの関心と連動して、地域アイデンティティを視覚的イメージとして可視化していく"媒体"として位置づけられるようになってきたのである。

　1970年代後半から1980年代にかけての景観をめぐる動きで、もうひとつの大きな転換は、「保全」から「創造」へというシフトである。先述した神戸市の都市景観条例の特徴は、景観の「保全」ではなく景観を「育て・つくる」ことに重点を置いていること、そして市民による自主的な景観形成の活動を育てていくための制度を設けていることにあった[18]。要するに、ここに至って「景観」は地域を積極的に作っていく「まちづくり」の動きと連動するようになったのである。

17：国土交通省国土技術政策総合研究所「国土技術政策総合研究所資料 NO.151」、2004.
18：前掲論文[16] **垂水**(1983), p.56.

この神戸市の都市景観条例は、その後の各自治体の景観条例の模範形として大きな影響を与えた。全国で策定された景観条例数は、1985年頃から毎年約10件ずつ増え、1989年からは一気に約20件に急増していく。このバブル経済の時期に策定された景観条例は、好景気を背景として都市改造によって都市景観を改善していくことを目指していた[19]。つまり、「景観は守る（維持・復元する）べきもの」という考えから、「景観は積極的に創造（活用・修復・加工）していくもの」という考えへのシフトが生じたのである[20]。各都市固有のアイデンティティを景観として、いかに「表現」するかが問われるようになったといえよう[21]。

地域再生と景観―1990年代

　しかし、景観まちづくりが本格的に普及していくのは1990年代を待たなければならなかった。1990年前後から景観条例を策定する自治体が毎年20～30にもおよび、90年代を通じて急増していく。

　転機となったのは、バブル経済の崩壊であった。1980年代の都市景観づくりが、どちらかというと大資本や大規模公共投資によって高品質な都市空間を作っていく動きに主導されたのに対して、バブル崩壊後は（先述したような）地域の固有性が見直されていく。つまり、フロー重視の短期利益追求型の社会から、ストック重視の長期利益追求型社会への転換のなかで、景観まちづくりは「地域再生」という文脈で可能性を見出されていくのである[22]。

　いくつか事例をみてみよう。長野県小布施町では1990年に「うるおいのある美しいまちづくり条例」が制定された。この条例では、敷地や配置、建物の高さ、屋根、壁、生け垣、植栽、花、土蔵、門、塀、車庫、駐車場、広告物、自動販売機の設置にいたるまで細かく基準を定めている。ただし、それは規制や強制のためではなく、住民自身が基準をきっかけに町の歴史や風土、文化などを知り、まちづくりや家づくりに活かしていくことを目的としている。さらに、小布施町では「修景」という手法がとられている。

---

[19]：**西村幸夫**「まちづくりの変遷」石原武政・西村幸夫編『まちづくりを学ぶ―地域再生の見取り図』有斐閣、2010, p.63.
[20]：**田村明**『まちづくりの実践』岩波新書, 1999, p.93 / **田村明**『まちづくりと景観』岩波新書, 2005, p.109.
[21]：**後藤春彦**『景観まちづくり論』学芸出版社, 2007, p.60.
[22]：前掲書[19] **西村幸夫**「まちづくりの変遷」石原・西村(2010), p.63.

それは、「絶対的な保存」でも「大規模改変」でもなく、周囲の景観全体との調和を考えて、時間をかけて少しずつ景観を整えていく方法である[23]。

また、東京都の世田谷区では1999年に「風景づくり条例」が制定された。世田谷区はその9割が住宅地であり、目立った都市景観や歴史的景観があるわけではない。そこで、この条例では「地域風景資産」という仕組みを設けている。これは、建造物でも樹木でも眺望ポイントでも何でも、住民自身が地域で大切にしたい風景を推薦し選定を行う制度である。この制度ではさらに、推薦した住民自身にその風景を守り育てる活動（風景づくり活動）を行うよう求めている[24]。というのも、住民推薦の風景は、その価値が自明ではないがゆえに、住民の主体的な景観価値の発見・維持作業が必要とされるからである。要するに、住民自身が何気ない日常的な景観に価値を見出し、それに基づいて地域のアイデンティティを育てていくよう支援しているのである。

このように1990年代になると、観光客の集まるような有名な歴史的景観や自然景観ではなく、自分たちの住む街や日常的な生活のなかに新たに景観価値を見出し、育てていこうとする動きが活発になる。この流れは、地域のアイデンティティを視覚的に確認していく作法が、都市や観光地のみならず、さまざまな地域で定着しつつあったことを意味する。

他方でそれらの施策は、大規模な開発事業をともなうわけではなく、むしろ小布施町の「修景」のように時間をかけた調整方法だったり、あるいは世田谷区の「地域風景資産」のように景観の"意識改革"策だったりと、よりソフトな方法にシフトしている。要するに、バブル崩壊後の「景観まちづくり」は、"ほんの少し視点を変える"ことによって地域の魅力を大幅に刷新していくような効率的な手法へと転換していくのである。

以上より、景観まちづくりが定着していくなかで、地域のアイデンティティを視覚的に確認していく作法が、特定の観光地を越えてさまざまな地域に広がってきたことが分かった。さらに、景観まちづくりの「ほんの少し視点を変える」手法に、第3章で検討したようなコンテクスト転換の視

23：前掲書[20]**田村**(2005), pp.2-14.
24：**春日敏男**「世田谷の景観行政―都市デザインの取り組み」『都市問題研究』50(1),1998, p.96／**世田谷区都市整備部環境課都市デザイン担当**「世田谷区の景観行政」『都市公園』147, 1999, p.71／**渕井達也・髙見沢実・野原卓**「住宅地域の景観施策における『地域の共感・共有』の効果の検証―世田谷区・地域風景資産および住民団体の活動を対象として」『学術講演梗概集』2015(都市計画), p.1085.

点が活用されていることが注目される。大規模再開発ではなく、視点を変えることでまったく新しいイメージを喚起するという"安上がり"の方法が、まちづくりのなかで次第に影響力を持ち始めたのだといえよう。

2.3. 地域を売り出す─地域ブランド

　さて、前項では景観まちづくりが定着するなかで「地域アイデンティティを視覚イメージとして可視化する」認識が現れてきたことを述べた。2000年代以降になると、さらに地域全体をプロモーションしていく動きが生まれてくる。地域そのものを"売り出していく"ということである。そして、こうしたプロモーション活動のなかで、地域の視覚的イメージが重要な鍵を握っていくことになる。以下では、この流れについて見てみよう。

地域ブランドの登場と普及

　「地域ブランド」という言葉は、2000年代半ばから急速に増加した。図4-3は、データベースサービスの日経テレコン（日経新聞／日経産業新聞／日経MJ（流通新聞）／日経金融新聞／日経プラスワン）を利用して、本文もしくは見出しに「地域ブランド」という言葉を含む記事を検索した結果である。1982年に登場した「地域ブランド」を含む記事は、2002年までは、せいぜい年に20件以下にとどまる。ところが2003年に44件、2004年には113件と急増し、2006年から2010年にかけて400件前後で推移するピークを迎える。

　こうした流れのきっかけのひとつとなったのが、2001年度に始まった青森県による「青森ブランド」の調査研究プロジェクトであった。それまでは、「地域ブランド」といえば農産物や特産品などを指すケースが多かった。しかし、青森県のプロジェクトでは、通常のブランド構築における「商品ブランドを束ねる企業ブランド」と相同の考え方を応用し、個々の地域特産品ブランドの上位に「包括的なブランドとしての地域そのもの」を置く新しい考え方を打ち出した。つまり、「青森りんご」や「青森ねぶた」という個別のブランドだけでなく、「青森県」という地域自体をブランド化していく戦略的方法をとったのである。

　そのときに発行されたのが「政策形成推進調査研究」という報告書であ

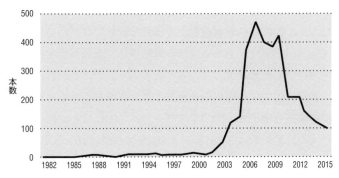

図4-3 「地域ブランド」記事数の経年変化

出典)「日経テレコン」のデータより筆者作成

る。この報告書が大きな契機となって、全国の各自治体が地域ブランドの構築に取り組む動きが加速した。初期に地域ブランドの構築に取り組んだのは、青森県、岩手県、茨城県、群馬県、福井県、長野県、岐阜県、和歌山県、島根県、香川県など、地方の自治体が多かった。これらの自治体は全国的な知名度上昇と地域イメージ改善を図って、事業に乗り出したのである。

このように各地の自治体が地域ブランド構築に乗り出したのは、電通や博報堂などの大手広告代理店が自治体に対して働きかけたことも少なからず影響している。もともと電通は先述した青森県のプロジェクトに関与していたのだが、2002年には「地域ブランドクリエーション・プログラム」を発表した。これは地域のブランド化を通じて、観光客誘致や地場産品・サービスの売り上げ増加を目指すものであった。また、博報堂は2003年に「地域ブランドPRO」という地域活性化プログラムを展開し、全国の自治体に地域ブランドの構築を働きかけた。これは「観光地」「特産品」「自治体」の3領域でブランドづくりを行い、相乗的に「地域ブランド」を育成するというものであった[25]。

一方、政府も2004年に策定した「新産業創造戦略」で「地域ブランド」による地域再生を打ち出す。地域ブランドは、地域の魅力を外部に印象づ

25：菅野由一・松下哲夫・井上明彦「特集 47都道府県調査『地域ブランド構築で経済活性化』―個別特産品から地域ブランドの時代へ 選ばれる地域目指し、マーケティング本格化」『日経グローカル』3, 2004, pp.5-6.

けることによって優秀な企業や人材、需要、投資資金を引きつけ、新たな雇用を生み出すと期待されたのである。

　もちろん、この時期に地域再生が叫ばれた背景には、産業の海外移転による地域経済の空洞化、あるいは財政緊縮策による公共事業の縮小などによって地域経済の疲弊が進んでいることがあった[26]。しかし、各自治体にとって、より直接的には平成の大合併による影響も小さくなかった。大合併は2003年頃から始まり、2005年をピークに2008年頃まで続くが、この5年間で全国の自治体数は3,181から1,786まで急激に減少した。

　このように各地で自治体の合併が繰り返されるなか、新しく生まれた地域の一体感や統一感をどのように作り出していくのか、あるいは合併を拒否して独立を選択したなかでいかに生存競争に勝ち残っていくのかなど、各自治体はそれぞれの課題に直面した。そうしたなか、「地域ブランド」という言葉やそれをめぐるプログラムは、このうえなく魅力的な地域活性化の方策として映り、広く普及していったのである[27]。

地域ブランドと場所の視覚的プロモーション

　もともと「ブランド」という概念は、商品や企業に対する過度に一般化されたステレオタイプなイメージを意味する[28]。そして、ブランド・マーケティングとは、商品がブランドの力によりプレミアム価格で売れ続ける仕組みである。良い商品を作ったり、絶え間ない営業努力をしたりしなくても、高い価格のまま消費者が熱狂的に買ってくれるという、決定的な「差別化」戦略に他ならない。

　ブランド・マーケティングが重要となっている背景には、高度消費社会の到来にともない、商品の機能や技術的特性が競争力として働きにくくなっていることがある。品質そのものの圧倒的な優劣による差別化が困難になっているがゆえに、そこに付加するイメージやアイデンティティといった情緒・感性的側面による差別化戦略が前景化してきているのである。こ

26：伊藤知生「地域団体商標とブランド・マネジメント―地域ブランド育成・維持はいかにあるべきか」『宮城大学事業構想学部紀要』12, 2009, pp.15-16.
27：林靖人・中嶋聞多「地域ブランド研究における研究領域構造の分析―論文書誌情報データベースを活用した定量分析の試み」『人文科学論集 人間情報学科編』43, 2009, p.90.
28：林靖人・北村大治・高砂進一郎・金田茂裕・中嶋聞多「ブランド価値評価の方法論に対する検討―ブランドステレオタイプと購買の関係性」『地域ブランド研究』3, 2007, pp.69-107.

うした時代において、「ブランド」は、一度確立すると長期的な効果をもたらす差別化戦略となり得る。それだけでなく、情報過多な現代社会において消費者が効率的な消費行動をとるためにブランドは必要不可欠なものともなっている。それゆえ、一度確立したブランドの効果は小さくない。

このような「ブランド」概念を、商品やサービスの領域のみならず、「地域」という領域まで拡大適用したものが「地域ブランド」である。すでに述べたように、1980年代には「地域ブランド」は地域の地場産品を表す言葉にすぎなかった。ところが、バブル景気のなかで「ブランド」概念が「差別化された高価格・高付加価値商品」という意味へと転換するのにともない、「地域ブランド」概念も地域活性化の切り札となる「強い競争力をもった地場産品」を表現する言葉へと変容していった[29]。そして2000年代以降になると、先述したように「地域全体のブランド化」という意味へと転換していくのである。

このような2000年代以降における「地域ブランド」概念の変容と急速な普及が意味するのは、「地域」を"売り出していく"という流れの明確化である。言い換えると、「地域」も商品やサービスと同様に「他との比較＝競争」のなかに明確に位置づけられるものである、という認識転換がドラスティックに進んだ証しであるといえよう。さらには、"売り出していく"以上、一般的な商品と同様に"機能"以上に"イメージづくり"が重要となる点が明確に意識されるようになったことを意味する。

「地域ブランド」概念が注目された2000年代半ば以降、各地のまちづくりや地域おこしでは地域や場所のイメージづくりのために、地域内外とのコミュニケーション方法を洗練させていく。その典型例が、東京理科大学を中心とする研究会と広告代理店の読売広告社が打ち出した「シビックプライド」概念とそれをめぐる方法論である。そこでは、地域名のロゴから、特産品、建物、公共空間、イベント、ワークショップまで、あらゆる媒体が「コミュニケーション」という観点で捉え返され、地域のイメージをプロモートしていく多彩な手段として位置づけられている。

それだけではない。「シビックプライド」の方法論は、イベントやワークショップなどを含みながらも、視覚的なイメージによるコミュニケーシ

29：中嶋聞多「地域ブランド学序説」『地域ブランド研究』1, 2005, pp.34-35.

ョンにかなり重点を置いている。このことから分かるように、近年のプロモーション活動において、公共空間や建物のデザインを含めた広い意味での視覚的イメージが重要な鍵となっている。いうなれば、景観まちづくりが胚胎していた「視覚的イメージづくり＝まちづくり」という流れが、ここにおいてマーケティング戦略として「他との比較＝競争」の文脈に完全に組み込まれたといえるのである。

　以上、本節では主に２つのポイントを検討してきた。ひとつは、「テーマ化」という環境演出手法によって、リアルな空間に現実とはまったく無関係のイメージを添加する「コンテクスト転換」の手法が普及したこと、そして、それが一部のまちづくりにまで浸潤しつつあることを確認した。もうひとつは、「景観まちづくり」から「地域ブランド」への流れのなかで、地域や場所を「視覚的イメージ」として表現し、それを地域間競争におけるプロモーション手法として位置づけていく認識が定着してきたことである。

　次節では、いよいよ本章の主題となる「リノベーションまちづくり」に焦点を当てる。それは、人口減少時代における地域退廃や地域空洞化という問題に対する有効な手段として注目されつつある。そこで、「リノベーションまちづくり」が、どのような「場所」観に基づいて取り組まれているのか、いくつかの観点から検討してみたい。

3・リノベーションまちづくり

3.1. リノベーションとアート
世界の都市再開発における既存ストックの活用

　今世紀に入る頃から、世界各地では歴史に目を向ける都市再開発が増加している[30]。取り壊されるはずであった大戦前の古い建物の価値を見直し、それらを修復して再生させた事例が続出しているのだ。たとえば、イギリス・マンチェスター市内のキャッスル・フィールドにおける産業遺産エリアの再開発、フランス・パリの巨大な市営葬儀場をリノベーションしたアートスペース、アメリカ・ニューヨークの貨物専用の高架線ハイラインの

30：松永安光・漆原弘『リノベーションの新潮流―レガシー・レジェンド・ストーリー』学芸出版社, 2015, p.16.

公園化など、枚挙に暇がない。こうした地域では、修復済みの建物の周辺でエリア価値が高まり、それまで見捨てられていた放置エリアや犯罪多発エリアなどの都市の一角が息を吹き返したように活性化しているケースも少なくない。

このような既存ストックを有効活用する動きは、2013年に空き家数が800万件に達したわが国においても急速に広がりつつある。もともと日本の住宅政策は、新築の住宅建設を経済刺激策として位置づけてきた。そのため、住宅更新年数はイギリスで141年、フランスで86年であるのに対して、日本の場合は30年と驚くほど短い[31]。新築の住まいを建て、壊し、また建て、壊し…というスクラップ・アンド・ビルドのサイクルが経済成長を支えてきた結果である。スクラップ率は1999年〜2003年においても50%を示し、21世紀を迎えた段階でも「二戸の住宅を建てる間に一戸が滅失する」という、驚くべき"回転率"を維持している[32]。

しかし、人口減少時代を迎え、空き家増加による地域荒廃、シャッター街急増による中心市街地空洞化が深刻化するにしたがい、「空き家」という既存ストックの活用は喫緊の課題になりつつある。そのため、自治体が地元の空き家情報をオンライン公開して各地から入居者を募る「空き家バンク」が全国的に広がっている。また、高齢者の街なか居住を推進するための補助金交付、あるいはニュータウン老朽化対策としての減築・改修を通じた団地ストックの再生なども試みられている。ただ、こうした自治体や国による政策的な手当ては、必ずしも高い成果を生み出しているとはいえない[33]。

リノベーションまちづくり

他方で、近年では民間主導の、あるいは公民連携によるストック活用型のまちづくりが現れつつある。たとえば岡山市問屋町では、廃業・撤退続きのため空洞化し治安の悪化していた卸売業団地が、地元テナントを中心とした全く新しい街として再生している。実際、このエリアでは12年間で

---

[31]：建設解体廃棄物対策研究会編『解体・リサイクル制度研究会報告』大成出版社、1998.
[32]：平山洋介『住宅政策のどこが問題か』光文社新書、2009, pp.34-38.
[33]：米山秀隆『空き家急増の真実—放置・倒壊・限界マンション化を防げ』日本経済新聞出版社、2012, pp.134-160.

店舗・オフィスがおよそ100軒も増加したという。広島県尾道市では、街の中心部に埋もれていた500軒以上の空き家を改修し、コミュニティの再生に取り組んでいる。具体的には、NPO主導による空き家バンクの刷新や空き家改修サポート事業などを通じて、8年間で120軒もの空き家を再生し、移住者の呼び寄せとコミュニティの再構築を図る取り組みが着々と進みつつある[34]。

　このような民間主導の有休ストック再生型のまちづくりの一部は、近年では「リノベーションまちづくり」、あるいは「エリアリノベーション」などと呼ばれている[35]。もともと「リノベーション」という言葉は古い建物の再生を意味する。リフォームが「古くなった建物や機能を元の新しい状態に戻す」という消極的な意味合いであるのに対して、リノベーションは「刷新・革新」という意味を含み、単に修復するだけでなく新しい「価値」を付加することを指す。たとえば、「部屋のリノベーション」とは、単に壁紙の張り替えや設備の変更にとどまらず、ライフスタイルの変化に合わせて間取りを根本的に刷新したり、デザイン性の高い内外装に作り替えたりするなどの大がかりな改修を意味する。

　「リノベーション」という言葉はこの10年ほどで一般に定着するようになったが、次第に建物単体の改修・改善を越えて、地域のより広い範囲の変化を指すようになってきている。つまり、「遊休不動産などの空間資源をイノベイティブな新しい使い方で積極的に活用することにより、まちに変化を生み出すこと」を意味するようになってきたのである[36]。単なる「まちづくり」や「空き家再生事業」ではなく「リノベーションまちづくり」という呼び方をするのは、既存の地域全体に「新たな価値」を付与することをとりわけ意識しているからに他ならない。

　たとえば先に挙げた岡山市問屋町の事例では、もともとの卸売業の総合団地を、感度の高い消費者を引き寄せる、地元ブランドを軸とする"エッジ"の効いた商業エリアへと根本的に刷新している。また尾道市のケースでは、アクセスに不便な斜面地にへばりつく築50年以上の木造家屋を「負

34：馬場正尊・Open A編『エリアリノベーション―変化の構造とローカライズ』学芸出版社, 2016.
35：清水義次『リノベーションまちづくり―不動産事業でまちを再生する方法』学芸出版社, 2014 ／ 前掲書[34]馬場・Open A(2016).
36：前掲書[35]清水(2014), p.3.

の遺産」と捉えるのではなく、むしろ逆に古い建築様式を活かした尾道独特の景観として「新たな価値を生み出す遺産」であるとプラスに捉え返している。実際、大正期や昭和初期の建築様式の良さを活かしたカフェやゲストハウス、パン屋や陶房がセルフビルドで次々と生まれているこの街は、多くのUターン、Iターン組の若者移住者たちを引きつけているのだ。

まちづくりにおけるアートへの注目

　このように「リノベーションまちづくり」においては、「新たな価値創造」を媒介に、地域イメージのドラスティックな転換を図ることがポイントとなる。こうした価値の刷新プロセスにおいては、クリエイティブな専門性をもつ人びとの役割が不可欠である。

　先に取り上げた尾道や岡山を含む多くのリノベーション型まちづくりでは、多かれ少なかれ、建築家、グラフィック・デザイナー、アーティストなど多彩なクリエイターが関わっている。クリエイターたちは、街のグランドデザインや建築デザインのみならず、地域をプロモーションしていく際に不可欠となるフライヤーやショップカードなどのコンセプト作りにも携わっている。こうした傾向の背景には、建築デザインや景観デザインにとどまらず、さまざまな媒体を通じて地域に新たな価値を付与していくことが地域再生プロジェクトの成否を分ける、ということが明白になってきたことが挙げられる。

　このように地域再生事業において「付加価値の創造」という局面が注目されることと相まって、近年、まちづくりと「アート」を結びつける動きが盛んになっている。アートというのは、日常を異化してまったく新しい視点から地域を捉える効果をもたらすため、「空き家」や「市街地空洞化」といった退廃的な負の遺産を抱えた地域が、そのイメージを一気に転換する力を得るために「アート」を活用するケースが増えているといえよう。

　典型的なのが、近年各地で見られるようになった廃校利用におけるアートの活用である。たとえば、千代田区では近年の小中学校の統廃合の結果、多くの廃校が生まれたが、そのひとつである旧錬成中学校を文化拠点にするために、民間自立型のアートセンター「3331 アーツ千代田」の運営が

行われている。芸術、文化、デザイン関連の諸団体がテナントとして入居し、ダンス、音楽イベント、演劇など、最先端の現代美術から伝統的な祭りまで、文化・芸術に関連する多彩なイベントが日常的に開催されている[37]。

地域の小学校や中学校というのは、地域コミュニティの中心である。学校が統廃合の結果"用済み"となり放置されている状況は、地域の"中核"を喪失することになるだけに、地域全体の退廃的なイメージを強烈に高めてしまう。こうした状況で、学校をアート関係の施設として再生するのは、退廃的イメージを刷新して地域イメージを回復することに少なからず貢献しているといえよう。

アートまちづくり小史

このようにアートがまちづくりに活用されるようになったのは、それほど昔のことではない。パブリックアートという方法で、公共建築や公共空間に芸術作品を設置する試みが本格化したのは1970年代からである。とりわけ1990年代には、パブリックアートは都市開発の目玉事業となり、全109作品を街頭に配置した「ファーレ立川」などが知られている。

さらに21世紀になると、アーティストには作品制作だけでなく、創造的な価値を生み出すために、より積極的に街に関わる役割が期待されるようになる。たとえば、金沢市で2002年にオープンした「香林坊ハーバー」では、古い映画館を文化ホールとしてコンバージョンした場で、若者たちがクリエイティブな文化活動を自由に繰り広げた。こうした既存の空間をアーティストの制作空間へ転換するプロジェクトは全国各地に広がっていった。そうした場では、1960年代のニューヨーク・ソーホーのように、アーティストの存在や活動そのものが、非日常的な文脈から地域に新たな知的刺激を与えることを期待されている[38]。

アーティストの活動を地域に「現在進行」の形で取り込む試みを、より恒常的に制度化したものが「アーティスト・イン・レジデンス」である。これは、自治体などの公的機関がアーティストに制作場所や居住施設を一

37：前掲書[35]清水(2014), pp.147-150.
38：三宅理一『負の資産で街がよみがえる—縮小都市のクリエーティブ戦略』学芸出版社, 2009, pp.33-35.

定期間与えて、制作活動を全面的に支援する仕組みである。わが国では、1980年代から見られるようになったが、その後、全国的に普及し、2016年現在では60件以上の取り組みが見られる**39**。

　さらに期間限定ではあるが、地域をあげたより大がかりな取り組みとして、2～3年ごとに定期的に開催されるアート系イベント「ビエンナーレ（トリエンナーレ）」がある。わが国の場合はいずれも官主導であり、芸術活動を起爆剤として都市や地域の活性化を図る目的から企画されるケースが多い。現在では「横浜トリエンナーレ」や「越後妻有アートトリエンナーレ」など数多くの自治体で開催されており、地域おこしやまちづくりにおける「アート」への期待感の高まりを示している。

　いずれにせよ、ここでおさえておきたいのは、まちづくりや衰退地域の再生事業において、ネガティブな遺産によって刻印された地域のイメージを刷新することが重要となっている点である。そして、デザインやアートに関わる専門家たちの活動は、こうしたイメージ転換の力を胚胎しているのではないかと期待されているのである。

3.2. セントラルイースト地区のリノベーション
「セントラルイースト」の出現

　2010年頃から中央区日本橋馬喰町、台東区浅草橋、千代田区東神田を含む一帯が大きく変貌している。それまでオフィス街や下町のイメージが強かったこの一帯が、アートやデザイン、ファッションの情報発信拠点となりつつある。現代アート系のギャラリーやデザイナーのオフィス、建築設計事務所が増加し、インテリアショップやカフェ、サイクルショップなど、流行やファッション感覚に敏感な店が急増しているのである。

　東日本橋、大伝馬町、馬喰町、東神田、浅草橋などの一帯は近年では「セントラルイースト」と呼ばれ、一種の"ブランド"的なイメージを帯びつつある。ファッション誌『GQ』2010年5月号、ライフスタイル情報誌『BRUTUS』2010年9月1日号、タウン情報誌『東京人』2011年2月号などで矢継ぎ早に特集が組まれ、その地域イメージが大々的に喧伝された。たとえば、『東京人』2011年2月号の特集「CETエリアがおもしろ

39：日本全国のアーティスト・イン・レジデンス総合データベース(http://air-j.info/search/)。

い！」では、以下のようにこの地域を描き出す。

> CET（セントラルイースト東京）こと、東日本橋、馬喰町界隈。空きビルが目立っていた繊維問屋街が今、熱い注目を浴びている。倉庫やオフィスが、アートギャラリーやカフェ、ショップに変わり、感度の高い人々が、この街に集まってきているのだ[40]。

また『BRUTUS』2010年9月1日号は、馬喰町を「東東京ムーブメントを象徴する、クリエイターに愛された街」と呼び、この地区のカフェ「フクモリ」のイベント「落語ライブ」の模様を紹介しつつ、この地域を「感度の高い人々が集まる場所」として描写する。さらに、「東京のカルチャー」の磁場が、西麻布、六本木、南青山、中目黒、代官山などの「西」から、馬喰町を含む「東」へシフトしつつあるという地域イメージを打ち出している。

アートイベント「CET（Central East Tokyo）」

このような地域イメージの転換はどのように生じたのであろうか。後に「セントラルイースト」と呼ばれることになるこの地域の変貌を生み出したのは、実はディベロッパーによる再開発事業ではなかった。建築家、都市計画家、キュレーターなどの専門家が集って2003年から始めたアートイベント「CET（Central East Tokyo）」がその役割を担ったのだ。「CET」の開催をきっかけに、街が大きく変貌し始めたのである。

2003年には、六本木ヒルズをはじめとする高機能な大型オフィスビルが続々と誕生し、その影響で神田裏日本橋地区に大量の空きビルが発生した。いわゆる「2003年問題」である。特に繊維問屋を中心に4000軒の問屋を抱える馬喰横山地区には、老朽化した空きビルが大量に集積していた。そこで、専門家ネットワークである「神田RENプロジェクト」は、空き不動産を活用した地域再生の取り組みを始めた。クリエイターを中心とする新しい人材を呼び込み、持続型の産業創造を目指したのである。この動きのなかから、地域プロモーション活動の中心としてアートイベント

---

[40]：『東京人』2011年2月号, p.48.

「CET」の企画が誕生した[41]。

　CETでは2003年11月に、空きビルや路上など約40箇所を舞台に、若手のデザイナーやアーティスト、建築家50名が参加して作品展示を行った。10日間の期間中には都市やアート、建築などをテーマとしたシンポジウムも開催された。これ以降、10年にわたってこのアートイベントは毎年開催され、この地区のイメージ転換に大きな貢献を果たしていくことになる。

　CETのプロモーションにおいては、メーリングリストを通じた情報の拡散、あるいはWebサイトを活用した情報提供が大きな効果を発揮した。とりわけ、CETの企画メンバーが2003年に開設したWebサイト「東京R不動産」が大きな役割を果たした。このサイトは、通常の不動産事業者が扱わないような隠れたお宝物件を紹介するブログ形式のもので、後に拡大していくリノベーション市場の開拓に一役買うことになる。CETのイベントを通じて、この地域の空きビル情報などに関心をもった人が、東京R不動産で物件を借りるという流れができていった[42]。

3.3. セントラルイースト地区の地域イメージの転換

　本項ではこの東日本橋・馬喰町界隈の地域イメージがどのように転換したのか捉えるために、新聞記事の分析を行う。記事上でこの地域のイメージがどのように表象されてきたのかを経年的に追う作業を通じて、この地域のイメージ転換がいかに可能となったのか手掛かりを得たい。

　分析の対象とするのは、朝日新聞、読売新聞、毎日新聞、日本経済新聞の全国紙4紙である。対象期間は、CET開催が始まった2003年から2015年までとした（CETは2010年に終了する）。抽出作業の結果、表4-1のように計21件の記事が分析対象となった。

41：前掲書[35]清水(2014), pp.119-122.
42：前掲書[34]馬場・Open A (2016), p.80.

表4-1 「CET (Central East Tokyo)」関連記事一覧表

1	2003年11月6日	日本経済新聞	東神田を活性化、ビル空室・壁・地下通路にアート、繊維卸問屋とデザイナー組む。
2	2003年11月14日	毎日新聞	アーティストら、神田・馬喰町など伝統の街と交流空きスペースにアート／東京
3	2004年6月3日	読売新聞	東京の神田〜浅草橋〜八丁堀今秋、新たな下町文化発信「祭り」を企画
4	2004年6月30日	日本経済新聞	都心各地域が活性化競争、街の魅力、アートでPR—丸の内、東神田。
5	2004年8月26日	朝日新聞	ビル空き室でアート
6	2004年9月2日	日本経済新聞	CET参加の文化女子大生100人、神田明神や路上で、手作りファッションPR。
7	2004年9月18日	読売新聞	[現代・空間論]空室でアート都市再生の発信地に変身
8	2004年9月18日	日本経済新聞	かつての中心再発見…、CETきょう開幕—デザイン屋台など続々。
9	2004年9月22日	日本経済新聞	5年連続下落幅縮小、基準地価、港・渋谷など堅調—東京駅周辺、再開発追い風に。
10	2004年9月23日	読売新聞	芸術で街よみがえれ知的障害者2人の作品展東京・中央で
11	2004年12月10日	毎日新聞	展覧会ヒロ杉山さんが個展
12	2005年10月17日	毎日新聞	あの街この町：幼稚園児がファッションショー
13	2006年6月24日	日本経済新聞	家守、都心活性、創業にも効果—SOHO集まり地域に交流（メガロリポート）
14	2007年2月3日	日本経済新聞	イースト東京、アートの都に—日本橋、向島、浅草橋。
15	2007年11月25日	朝日新聞	日本橋の空き地に穴ぐら男登場
16	2008年9月30日	日本経済新聞	馬喰町周辺のビル再生（東京・中央、千代田）（まちストリート）
17	2008年11月30日	朝日新聞	画廊、下町へ
18	2009年7月5日	日本経済新聞	東へ反転？ 東京フロンティア（遠みち近みち）
19	2010年4月14日	日本経済新聞	浅草橋周辺、若者の街に、問屋や倉庫、カフェ・ギャラリーに再生、割安な賃料魅力。
20	2011年4月28日	毎日新聞	ギャラリー：馬喰町繊維問屋街に出現古いビルや空き倉庫改装／東京
21	2011年8月27日	日本経済新聞	ジュエリー・風鈴作り・発明教室…、気分は職人、近場で手軽に（メガロリポート）

地域イメージの変遷

　この地域のイメージは、明確なイメージが未確立の2007年以前の「前期」と、「東京の文化・アートの発信拠点」というイメージが固まってく

る2008年以降の「後期」に大きく分けることができる。ただし、「前期」から「後期」への移行期にあたる2007年から2008年頃には、「現代アートの街」という地域イメージが登場してくる。この時期のイメージが「後期」の地域イメージ確立に一定の影響を与えていることから、「転換期」と呼ぶこととする。

【前期：2003年〜2007年】

　この時期、多くの記事は、空きビルや空き室が増加して空洞化が進む地域状況、あるいは繊維の問屋街としての地域の歴史などに触れたうえで、CETのイベント内容や狙い、理念などを解説している。ただし、こうした動きを一括りにまとめるような地域イメージを打ち出すのに苦心している。たとえば、この時期のまちづくりの常套句である「にぎわい再生」や「地域活性化」というイメージで括ろうとしたり（記事1）、あるいは「アーティストが伝統の街と交流」というような行政用語的な表現でまとめようとしたりと（記事2）、模索期特有の試行錯誤が続いている。このことは、CETというイベントの仕掛けや狙いが実際にどのような地域を作っていくのか、一般的にまだ見えない状況を反映していると捉えることができる。

　そのため「前期」には、CETの主催者サイドが公式に表明している理念——それは「都心の街をデザインやアートの視点から再発見」「芸術・デザインの新たな発信拠点」「都市再生」の３点にまとめられるが、そうした"お仕着せ"のイメージをメディア側も繰り返すにとどまっていた。ただし、それはまだ内実をともなわない段階であったため、イメージ的な焦点を結んでいるとはいえない（記事3〜9）。

　他方で、CETは新聞のみならず、雑誌、TVなどにも取り上げられ、あるいは口コミを介して知られるようになり、この地域一帯の情報を徐々に広めていった。こうした始発情報に影響を受けて最初にこの街に移ってきたのは、都市経済学者リチャード・フロリダのいうクリエイティブ階級の人たち、つまりアーティスト、デザイナー、カメラマン、編集者などであった[43]。とりわけ2006年秋頃から現代美術ギャラリーの移入が本格化し、

43：前掲書[35]清水(2014), p.126.

その後、2007年〜2008年にかけて30軒近くも増えることとなった[44]。

【転換期：2007年〜2008年】

　このような現代アート系のギャラリーの急増は、それまで曖昧だったこの地域のイメージに、ひとつの焦点を与えることとなった。2007年から2008年頃にかけて、「現代アート（現代美術）の街」として地域一帯を括る記事が増えてくる（記事14, 16, 17）。それは、初期に移り住んできたクリエイティブ系住人の動きを、「ギャラリー」イメージが街なかの具体的景観として表象しているからに他ならない。そして、この時期の「現代アートの街」というイメージの結晶化は、後期にはそれを媒介としたより大胆な地域イメージの定着に結びついていく。

【後期：2008年〜】

　2008年頃から、先に挙げた「現代アートの街」というイメージとともに、「東京の文化・アートの発信拠点」というイメージが確立していく。それは、たとえば次のような記事に典型的に現れている。

> 　震災、戦災をくぐり抜けたレトロ建築ではもちろんなく、古拙の趣があるわけでもない、ただ古びて空室が多いビルに若い建築家や美術作家、デザイナーが拠点をつくりだした。点が増えて前線を形成しはじめたところだが、線はやがて面になり、一帯を先端アートゾーンに変えるかもしれない。（2009年7月5日　日本経済新聞）

　こうした「文化・アートの発信拠点」というイメージは、「東京の文化発信拠点が『西』から『東』へと変わりつつある」という大胆なイメージ転換によって支えられていた。それは、「アーティストの間でゴーイーストの機運が一段と高まった」（2008年11月30日　朝日新聞）、あるいは「先端アートに限らず東京では、時代のフロンティアはずっと渋谷や新宿、原宿、青山のように都心部西側に現れた。それを反転させて東側にタネをまいた」（2009年7月5日　日本経済新聞）という表現に典型的に現れてい

---

[44]：「画廊、下町へ」『朝日新聞』2008年11月30日

る。

　そして、この「西から東へ」というイメージはこの地域の決定的なイメージとして、2010年頃から多くのメディアに拡散していく。雑誌上では特集や記事が増加し、それらはこの「西から東へ」イメージでパッケージ化されるケースが多くなる。たとえば、『BRUTUS』（2010年9月1日号）の特集テーマは「東京の、東へ」である。その冒頭のコピーは以下となる。

▼
　東京の勢力図が、変わりつつある。西麻布、六本木、南青山、中目黒、代官山、代々木上原。東京のカルチャーは長らく"皇居の西側"エリアが牽引してきた。しかし「あの街がおしゃれ」という価値観は不景気に呑み込まれ、津波の後に見えたのは"皇居の東側"の元気な姿。クリエイターは「西」よりも安い家賃で広いスペースを手に入れ、続々「東」に集結中。（中略）今までの物差しでは測れない日常が「東京の東」でも始まっている。日の出ずる場所、東には、どこか希望の匂いがする。飛び込もう。東京の、東へ。
（『BRUTUS』2010年9月1日号, p.26）▲

　もともと、神田RENプロジェクトを主導し、CETを仕掛けた人びとは、「西から東へ反転させる」というイメージを早い段階から打ち出していた。しかし、実際にこのイメージが定着するのは、この地域が「現代アートの街」という限定的イメージを超えて、より一般的な「感度の高い若者の街」というイメージを帯びてくる2008年頃からである。

▼
　東京都台東区の浅草橋周辺に、インテリアや自転車など若者向けの店舗の進出が相次いでいる。都心に比べ賃料が比較的安く、新しい事業者らが活動拠点として着目したため。浅草橋や周辺地区には、ここ2年間で約20店が進出したという。卸問屋や倉庫が集まる街並みに流行やファッション感覚に敏感な店が加わり、新たな魅力が出始めている。（2010年4月14日　日本経済新聞）▲

　このように、この時期になると、アーティストやギャラリーの話題にと

第4章：現実空間のコンテクスト転換

どまらず、カフェや雑貨店、インテリアギャラリーなどファッションに敏感な若者向けの街が形成されつつあるという話題に触れることが増えてくる。こうした「若者の街」イメージと「現代アートの街」というイメージの結びつきは、この東日本橋・馬喰町界隈の地域イメージに「文化発信拠点が西から東へシフトする」という大胆な構図の変革をもたらしたのである。

マイナスイメージのプラスへの転換

以上の大まかな地域イメージ転換の流れをおさえたうえで、疑問となるのは「いかにして『空きビルの多い退廃地域』というマイナスイメージが、プラスイメージに転換したのか」というポイントである。地域イメージの刷新は簡単ではない。まして、負のイメージが強い地域ならなおさらである。

この地域のイメージ転換がうまくいったのは、3つのイメージを巧みに接合させたことによる。それは「アートのイメージ」、「負の遺産のイメージ」、そして「伝統のイメージ」である。

「アートのイメージ」とは、デザインや建築、クリエイターといったアート系のイメージである。他方で「負の遺産のイメージ」とは、空きビルや地域の空洞化といった衰退する地域イメージを表し、そして最後の「伝統のイメージ」とは、この地域の過去の産業――たとえば繊維問屋街や皮革製品、人形など、あるいはより広く古い街に関連するような長屋、下町、寺社、祭りなどのイメージを意味する。表4-2は、この3つのイメージに関連する用語を各記事からすべて抽出して分類を行った結果の一部を掲載したものである（前期・転換期・後期の代表的な記事を掲載した）。

この表から分かるように、初期から一貫してこの3つのイメージが並列的に登場している。それは記事全体のなかで入れ替わり立ち替わり3つのイメージが語られるというパターンのみならず、ひとつのパラグラフのなかで、あるいはひとつのセンテンスのなかで交錯することもある。たとえば、次の事例では、パラグラフのなかに3つのイメージが同居している。

表4-2 地域イメージを構成する3つのイメージの変遷(前期・転換期・後期)・代表的な記事

	番号	発行年月日	新聞名	負の遺産	アート系	伝統系	若者系(流行系)	場所イメージの自己言及
前期	3	2003年11月16日	読売新聞	空き店舗/倉庫/ビル/空き家/壊れた照明	デザイナー/芸術/画家/写真家/建築家	繊維/問屋(街)/江戸時代/城下町		活気あふれる街に再生
前期	6	2004年8月26日	朝日新聞	ビル・空き部屋/空き店舗/空き地/空きビル/古いビル跡地	アート/デザイナー/デザイン/建築家/クリエーター	問屋(街)/下町		都心の街をデザインやアートの視点から再発見/都市再生
	13	2006年6月24日	日本経済新聞	老朽ビル/老朽化したビル/空きビル/廃校/空き室/退去跡	デザイナー/デザイン/建築	江戸時代/長屋		
転換期	16	2008年9月30日	日本経済新聞	古いビル/衰退/改装	アート/デザイナー/デザイン/芸術/建築家/前衛/ギャラリー/現代美術/画廊	繊維/問屋街/路地/鉄の扉/昔ながらの空気	若い人(の活力)/街の新しい可能性/新たな発展/新しい使い方/個性的なファッション	繊維問屋街から芸術の発信拠点に/神田周辺をアートの観点から再発見
転換期	17	2008年11月30日	朝日新聞	空洞化/空きビル/空き倉庫/空き地/工場跡地/(ル)/レトロなビル	アート/アーティスト/デザイナー/デザイン/芸術/建築家/ギャラリー/画廊/現代美術	繊維/問屋(街)/下町/祭り	若い世代	ユーイースト・空洞化した問屋街や工場跡地からアートの街へ
後期	18	2009年7月5日	日本経済新聞	古びて空室が多いビル	アート/デザイナー/デザイン/建築家/美術/ギャラリー/クリエイション	レトロ建築/問屋街/繊維製品/人形/伝統	街がにぎわうカフェ/雑貨屋/アパレルショップ	先端アート(時代の)/都心部東側にアートロンティア(東へ)反転
後期	19	2010年4月14日	日本経済新聞	倉庫/改装	アート/デザイナー/デザイン/ギャラリー	(卸)問屋	若者(の街/向け)/ファッション感度に敏感性の高い/インテリア/自転車/カフェ(バー)/流行/雑貨/新しいの店舗	
後期	20	2011年4月28日	毎日新聞	古いビル/空き倉庫/リノベーション/改装	アート/建築/クリエーター/ギャラリー/ショー	繊維/問屋(街)	カフェ/雑貨/カルチャー/変わりつつ新しい(感覚的表現)	

第4章:現実空間のコンテクスト転換

> 　神田から浅草橋、八丁堀に連なる下町界隈を舞台に、地元町会の人々とアーティストやデザイナー、建築家、学生らが協力、新しい祭りを今秋、開く。下町文化の豊かさに注目する"よそ者"と、地域活性化の起爆剤を求める祭り好きの"江戸っ子"が力を合わせ、街中に散在する空きビルなどを会場に、文化と産業の発信の場作りを試みる。(2004年6月3日　読売新聞)

　ここでは、「街中に散在する空きビル」という負のイメージを、「アーティスト」「デザイナー」といったアート系の非日常的なイメージに媒介させながら、「下町文化」や「祭り」「江戸っ子」といった「古くかつポジティブな伝統イメージ」をくぐらせる作業を通じて、プラスのイメージへと反転することに成功している。
　アートのイメージは、日常的な文脈から対象を引きはがす「異化作用」をもたらす。他方で伝統のイメージは、空きビルの集積のような負の遺産を、その「古さ」を否定することなくプラスに転化することを可能にしてくれる。こうした2つの作用が多彩に組み合わされることによって、この地域のイメージは次第にプラスへと転換していったのである。
　その結果、興味深いことに、この地域のイメージが確立する2008年頃になると、「空きビル」や「老朽化」といった負の遺産のイメージが、「リノベーション」や「改装」、「空き倉庫」というプラスのイメージに読み替えられる、ないし接続するようになっていく。同時に、「空きビル」や「空き室」といった無機質な用語そのものが減少していく。

> 　衣類など繊維関係の問屋が集まる東京・馬喰町に、古いビルや空き倉庫を改装したギャラリーが出現している。カフェや雑貨店もオープンし、週末は人通りがなかったという問屋街を訪れる人が増えている。(2011年4月28日　毎日新聞)

　「老朽化したビル」はもはや「空洞化と退廃をもたらす」というイメージではなく、むしろ「リノベーションによって再生する古き良き遺産」というイメージが迫り出してくる。これまでの負のイメージが、その視点を微

妙に変えることによって、逆にプラスのイメージへと巧妙に転換されているのである。

　以上をまとめよう。もともと繊維問屋街だったこのエリアは、空きビルや空き店舗が急増することで、2000年代前半には急速に退廃し、街のイメージを悪化させていた。そうしたなか、2003年から開催された「CET」イベントが、アートイベントに空きビルを活用する取り組みを行い、その後、このイベントは10年近く続くことになる。

　その間、この東日本橋・馬喰町界隈は、次第に新しい地域イメージを獲得していくこととなった。それは、「現代アートの街」というイメージを媒介に、最終的には「東京の文化・アートの発信拠点」というイメージへと収斂することになった。

　こうした大胆なイメージ転換を引き起こしたのは、異なるイメージを交錯させることによる新たな視点の獲得であった。具体的には「負の遺産のイメージ」を、「アートのイメージ」を媒介に「伝統のイメージ」とも接合させることによって、「古さ」や「廃墟」がプラスのイメージへと読み替えられたのである。その意味で、この地域のまちづくりにおいて、「CET」のプロモーション活動は大きな役割を果たしたといえるだろう。

4・リノベーションまちづくりとコンテクスト転換

　本章では、人口減少時代において注目されるまちづくりのひとつである「リノベーションまちづくり」の意義に関して検討を行ってきた。

　まず、それに先行する「テーマ化」や「景観まちづくり」、「地域ブランド」といった取り組みに関して議論を行った。「テーマ化」に関する検討では、アニメ聖地巡礼において近年みられる「場所のコンテクスト転換」の手法が、1970年代というかなり早い段階から環境演出法として活用されてきたことが確認された。また、「景観まちづくり」から「地域ブランド」が注目される流れのなかで、「地域」を視覚的イメージとして可視化して捉え、それを地域プロモーションの中心に置いて活用していく動きが強くなってきたことが見出された。

　「リノベーションまちづくり」は、こうした2つの流れが内包する「場

所」観を拭いがたく引き受けていると考えられる。「リノベーション」のポイントは、イメージの刷新にある。物理的再構築をともなう都市再開発とは異なり、リノベーションではいかに元の土台を活かしながら根本的なイメージ転換を図るかが重要となる。したがって、ここではアニメ聖地巡礼と同じような「場所」経験、つまりコンテクストを転換することでイメージを刷新するという手法がとられる。アートイベント「CET」を活用した地域プロモーション活動は、「アート」と「伝統」にまつわるイメージを交錯させることで、こうしたコンテクスト転換を巧みに実現したのである。

　他方で、この「CET」プロジェクトが当初から、南青山や六本木などの「西」に対抗した「芸術・デザインの新たな発信拠点」を目指していたように、衰退地区の活性化を目的とするまちづくりも、否応なく他の地域とのイメージ競争に巻き込まれざるを得ない。つまり、視覚的イメージの構築を軸としたプロモーションを軽視していては、「衰退」や「空洞化」というマイナスの地域イメージを転換することはできないのだ。そして、負の地域イメージを返上できないかぎり、その地域のまちづくりを成功に導くことは困難な時代になっているのである。

:::: 第 **5** 章 ::::
データベース消費とコンテクスト転換

1 ・ はじめに

　第2章では、「場所」の新しい意義を提起した。そのひとつが、メディア的現実と相互嵌入的な関係にある「場所」を"契機"として、まったく異なるコンテクストのもとで、リアル空間が経験される機会が増えつつあるということであった。

　セクションIIでは、こうして仮説的に組み立てられた「場所」の意義が、実際のまちづくりの取り組みのなかでどのように引き出され、活用されているのか、考察を行ってきた。具体的には、コンテンツツーリズムの取り組み（第3章）やリノベーションまちづくり（第4章）と、それにつながる流れについて議論を行った。

　それぞれのポイントは各章で整理したが、ここであらためて第2章の視点に立ち戻って、具体的なまちづくりのポイントを整理しながら、その理論的含意を深めてみたい。

2 ・ アニメ聖地巡礼は「観光のまなざし」ではないのか

2.1. 観光のまなざし——場所とモビリティの関係

　空間的移動性が高まる時代において場所はどのように認識されるのか——この問題に関して、早い段階から取り組んできたのが観光研究である。特に観光分野における社会学的な研究は、理論的に重要ないくつかの手掛かりを提示してきた。

　ダニエル・ブーアスティンが、その著書『幻影の時代』のなかで「疑似イベント」という重要な概念を提示したことはよく知られている。疑似イベントとは、たとえば観光客向けに脚色されたアトラクションを意味する。それは、伝統的な儀式を、観光客の期待を満足させるために脚色したり、

美しくしたり、変更したりして、分かりやすく誇張して仕立て上げた人工物である[1]。

こうした観光客の"現実離れ"した期待を醸成しているのがメディアである。印刷技術、写真技術、カラーテレビの発達は、「本物」以上に生き生きとしたイメージ、あるいは実物以上に美しく、劇的で、魅力を凝縮したイメージの再現を可能にした。観光地のアトラクションは、観光客の頭のなかにあるこのイメージに合わせるかたちで現実を"脚色"している。観光客は、現実を基準にしてイメージを確かめるのではなく、逆にイメージを基準にして現実を確認するという「転倒」が生じているのである[2]。

移動にともなう場所認識を「視覚」という観点からより深く捉えたのが、社会学者ジョン・アーリの「観光のまなざし」概念である。「観光のまなざし」は疑似イベントと同じように、映画、テレビ、雑誌、ビデオなどのメディアに内在する記号――「永遠のロマンチックなパリ」「本物の古き英吉利」――を通して構築されていく。

ただし重要なことに、この概念は社会的なプロセスにも照準を定めている。近代社会で「労働」と「余暇」が分化＝規律化されていくプロセスで、「日常／非日常」という二項対立コードに沿って観光行動は組織化されてきた。したがって、観光のまなざしを構成する記号体系は、映画、テレビ、雑誌、写真など多彩な媒体を通じて「間メディア」的に形成されると同時に、旅行会社をはじめとするさまざまな観光産業関連アクターの営みによっても支えられてきた[3]。つまり、「観光のまなざし」とは、さまざまなエージェントが絡みながら社会的、歴史的に形成されてきた記号体系によって構成されているのだ。

2.2．データベース消費とは

今日のように、場所がメディア的なイメージや物語性を強烈に帯びるようになっている大きな背景に「消費社会」がある。社会学者の宮台真司によれば、「消費社会」とは、モノの消費がフィクションの消費をともない

1：ダニエル・J．ブーアスティン／星野郁美・後藤和彦訳『幻影の時代』東京創元社，1964，pp.89-128．
2：前掲書[1]ブーアスティン(1964)，p.127．
3：ジョン・アーリ／加太宏邦訳『観光のまなざし――現代社会におけるレジャーと旅行』法政大学出版局，1995，pp.4-12．

始める社会である。たとえば、高度成長期が始まる1950年代後半から1960年代にかけて、炊飯器、掃除機、洗濯機を買うことは「アメリカ風の文化的生活が営める」というフィクションを享受することでもあった[4]。同じように、白金に住むことは「優雅な生活を楽しむセレブ主婦」というフィクション（シロガネーゼ）を生きることでもあるし、また神戸を観光で訪れることは「異国情緒あふれるロマンチックな街を歩く」というイメージや物語を享受することでもある[5]。

　しかし、こうした物語やフィクションの分かりやすさは「高度消費社会」の到来とともに失われ始める。宮台によれば、高度消費社会では〈物語〉が商品ごとに、人ごとに、多様に分化し始め、消費に関わる動機形成が不透明になってくる[6]。他人がなぜそんなモノを買うのか、どうしてそんな場所に観光に行くのか、よく分からなくなるのである。そしてこのことは、場所に対するメディア的イメージやフィクションをつなぎ合わせて「社会的」に作られていた、「観光のまなざし」の成立条件が崩壊し始めたことを意味する。

　かつて評論家の大塚英志は、「物語消費」という概念を提示した[7]。個別の商品に付託された「小さな物語」を消費することを通じて、人びとはその向こう側にある「大きな物語」の全体像に近づこうとしているのだと分析した[8]。このモデルでは、個別の消費行動は、背後にある整合的な物語体系によって導かれるとされる。しかし、批評家の東浩紀は、こうしたモデルは、現実の世界で政治的なイデオロギーなどの整合的な意味体系（＝大きな物語）が有効であった1970年代以前の認識パターンの残滓にすぎないと見る。

　そして、これに対して、『動物化するポストモダン』のなかで「データベース消費」という概念を提示している[9]。「データベース・モデル」で共有されるのは整合的な意味体系ではなく、「データベース」という情報の

4：宮台真司『制服少女たちの選択』講談社、1994, p.142.
5：遠藤英樹「神戸の観光空間にひそむ「風景の政治学」」須藤廣・遠藤英樹『観光社会学―ツーリズム研究の冒険的試み』明石書店、2005.
6：前掲書[4]**宮台**(1994), p.144.
7：この場合の「物語」概念は消費社会論の「物語」や「フィクション」概念と異なり、「整合的な意味体系」という狭い意味で用いている。
8：**大塚英志**『定本 物語消費論』角川書店、2001.
9：東浩紀『動物化するポストモダン―オタクから見た日本社会』講談社、2001.

集積にすぎない。このモデルでは、個別の商品や作品に対する評価は、深層にある意味体系によって一義的に規定されるのではなく、消費者自身のデータベースの読み込み次第でいかようにも変異する。したがって、消費者が商品に投影するフィクションは消費者次第でさまざまなパターンを生み出すし、そのパターンを決定する審級は消費者の側にあるということになる。その結果、意味体系の社会的共有を媒介することなく消費行動が「タコツボ」化して、その動機が他人には見通せなくなるわけである。

2.3. データベース消費と観光のまなざしの違い

　このようなデータベース消費を「場所」との関係から捉えてみよう。第3章で検討したように、コンテンツツーリズムにおいて「大河ドラマ」はいまでも大きな位置を占める。大河ドラマの番組コンテンツとその舞台（あるいは撮影場所）となる地域や場所との関係は、さまざまな方法を通じて相互参照的に構築されてきた。

　具体的には、第一に「大河ドラマ」の番組コンテンツはコンテンツ世界に閉じることなく、絶えず現実の場所や史実を参照する構成になっている。それだけではない。第二に、番組コンテンツが描き出す物語イメージや世界観は、同じテーマを取り上げる教養番組やトーク番組の視聴、あるいは関連する小説、雑誌特集、展覧会、物産展、演劇などの消費を通じて「間メディア」的に構築されている。その意味世界は、番組コンテンツ単独で作り上げているのではなく、さまざまなメディアが相互に参照するなかで社会的に形成されているといえる。したがって、ある観光客が大河ドラマの舞台となった場所を訪れるときに抱くイメージとは、その人が番組を見て独自に作り上げた世界というより、歴史的・社会的に一定程度共有されながら醸成されたイメージであるといえよう。

　それゆえ、大河ドラマのコンテンツと場所を結びつけているのは、さまざまな主体が関与しながら社会・歴史的に生成された記号体系に基づく「観光のまなざし」と相同の"視線"である。その場所に付与される意味は、他の場所との関係性や、歴史のなかでの相対的な位置づけを含めて、「社会」的なプロセスを経て集合的に醸成されているのだ。

　このような意味体系のことを、かつて文化理論研究者のジュディス・ウ

ィリアムスンは「指示対象システム」と読んだ。それは、外界のあらゆるものを分類し、それらを差異づけ、秩序づける分類体系を意味する[10]。「神戸はエキゾチックな街である」、「白金はセレブな街である」、「○○はややセレブ度が落ちる」などのように、さまざまな場所や地域は、他との関係性のなかで差異づけられ、序列化され、秩序だった関係に置かれるよう分類されている。こうした意味体系は固定的なものではなく、絶えず新たな意味や差異を補給しながら"新陳代謝"を図っている。同時に、こうして差異づけられた場所に住んだり、そこに赴いたりする私たち自身も、差異コード体系にしたがって、分類され差異化されていく。つまり「セレブな白金に住む人は、その人自身セレブに分類される」のである。

それに対して、データベース消費においては、こうした体系立った「指示対象システム」は機能していない。たとえば、2005年頃からブームとなった「街歩き観光」は、「街歩きオタク」と呼ばれる人びとが火付け役となって広まった。街歩きオタクは、一般的な観光地とは異なるごく普通の商店街や住宅地において、通常の名所や観光地とは異なる独自の「観光資源」を"発見"して楽しむ。それは「古い家屋の佇まい」、「駄菓子屋」、「路地裏でのんびり昼寝をしている猫」、「総菜屋のコロッケ」、「自転車通学する学生」などである[11]。彼らは、Webサイトやブログなどを通じてコミュニティを形成し、独自に見出した"観光資源"や、街歩きに関する情報を交換しながらコミュニケーションを重ねる。

「観光資源」はデータベース化され、街歩きの現場で呼び出され、消費されていく。こうした「観光資源」は、観光をめぐる社会的な意味体系からは切り離され、ばらばらの要素のままデータベース化されている。「観光資源」はオンラインの特定のコミュニティ内部では共有されているが、社会的・歴史的な「指示対象システム」のように相互参照する差異化の体系を形成しているわけではない。その場所に赴く「街歩きオタク」が、当該場所の社会的イメージとは無関係に、独自のデータベースと照合する作業のなかで、その都度顕現してくるに過ぎない。

そして、アニメ聖地巡礼も、こうしたデータベース消費の性格を色濃く

---

[10]：ジュディス・ウィリアムスン／山崎カヲル・三神弘子訳『広告の記号論Ⅰ／Ⅱ』柘植書房新社, 1985.
[11]：秋山綾『「街歩き観光」にみる「なつかしさ」の消費とアミューズメント・スポットにおけるその活用』『TASC monthly』371, 2006, p.5.

第5章：データベース消費とコンテクスト転換

帯びている。なぜなら、アニメ聖地巡礼で求められているのは、当該地域の社会的イメージの消費ではなく、あくまでもアニメという虚構世界の追体験であるからだ。人びとは、舞台となった場所に出かけていった際に、その場所をめぐるイメージや社会的フィクションに浸るのではなく、その場所に微かに見い出せる虚構世界の「部分」に耽溺している。「場所」は、イメージの"指示対象"というよりも、物語世界を呼び起こす"手掛かり"に過ぎなくなっているのだ。

3. まちづくりは「場所のコンテクスト転換」の時代へ

3.1. アニメ聖地巡礼とコンテクスト

前節で述べたように、アニメ聖地巡礼では「場所」は虚構世界を呼び起こす"きっかけ"という位置づけに置かれているのだが、これはどういうことを意味しているのであろうか。

そもそも、アニメ視聴において「地域（場所）」というのは、多様なメディアのひとつに過ぎない。観光研究者の山村高淑が分析したように、アニメ聖地巡礼とは、アニメ供給におけるメディアミックス過程のひとつの帰結である。1990年代には、マンガ、アニメ、コンピューターゲーム、小説、映画、イベントなどの制作を通じて、コンテンツの相互乗り入れが活発化した。2000年前後になると、インターネットの普及により、オリジナルコンテンツの二次利用、二次創作が盛んになった。そして2000年以降には、これらの既存のメディアに「地域」という新たなメディアが加わる[12]。

山村自身が整理するように、情報社会の特徴のひとつに、コンテンツ自体がさまざまなメディアを通して展開可能になることが挙げられる[13]。アニメ作品は、かつてはテレビというメディアに限定されていたが、次第に特定メディアから解放されて、ゲームや映画、さらには地域（観光）などでも享受できるようになっていく。同一の物語世界に"接続"する手段が多様化したのである。

そのなかで、現実の場所も、アニメという空想の世界にアクセスするた

---

[12] 山村高淑『アニメ・マンガで地域振興』東京法令出版, 2011, pp.51-53.
[13] 前掲書[12]山村(2011), p.49.

めの手段のひとつ、あるいはプラットフォームのひとつとして機能し始めているといえよう。その場合、"主"はアニメの世界観であり、現実空間は"従"である。現実空間はアニメ世界にリアリティを付与し、その世界観をより強固にする役割を担っているのである[14]。

このとき、現実空間はその場とは無関係のまったく新しい"コンテクスト"のもとで意味をもち始めている（図5-1）。たとえば、アニメ『true tears』は富山県南砺市旧城端町がモデルとなっているとされるが、旧城端町近辺では、通常の観光名所ではない日常的な街並みや店舗を撮影して楽しむ観光客の姿が見られるようになった。

図5-1　アニメ『らき☆すた』のあるワンシーンの舞台となった橋

出典）photo by Daisuke TAHARA

これは先述した「街歩きオタク」の認識パターンにも共通する。ごく日常的な総菜屋のコロッケを見て、それを「どこか懐かしい昭和30年代の下町風情」という"文脈"において耽溺するという振る舞い——そこでは、現実空間を想像力によってまったく新しいコンテクストに置き換えてしまうという「創造性」が発揮されている。

14：岡本健「コンテンツ・インデュースト・ツーリズム―コンテンツから考える情報社会の旅行行動」『コンテンツ文化史研究』3, 2010, p.59.

3.2. コンテクストの転換

　第2章で検討したように、ベイトソンは、コミュニケーションはつねにコンテクストを必要とするとみる[15]。たとえば、「コロッケ」を単なる「安物の惣菜」とみるか、「どこか懐かしい下町風情の惣菜」とみるかは、それがどういう意味の文脈＝コンテクストなのかによって変わってくる。そして通常の相互作用では、コンテクストを指し示してくれる「コンテクスト・マーカー」がある。

　アニメ聖地巡礼では、さまざまな「場所」がコンテクスト・マーカーとなって、虚構のアニメ世界観というコンテクストが呼び起こされている。たとえば、2006年からテレビ放映されたアニメ『ひぐらしのなく頃に』の聖地巡礼では、舞台となっている白川郷荻町地区を観光客が訪れている。その際、一般の人びとがその存在すら知らない下水道処理施設を訪問する観光客がいる。それは、そこが主人公の三角屋根の自宅のモデルとなっているからである[16]。その観光客にとっては、下水道処理施設の三角屋根の白い建物が「コンテクスト・マーカー」となって、『ひぐらしのなく頃に』の世界観が想像のなかで繰り広げられるのである。

　このように、アニメ聖地巡礼では地域空間に（アニメの世界観という）別のコンテクストが呼び込まれ、モノや風景がその世界観に基づいて独自に読み替えられていく。普段見慣れた商店街が、全く異なる意味づけをもった物語世界の一要素として想像されていくのである。ここでは、Aというコンテクストから、Bというコンテクストへの転換がなされている。

　ベイトソンによると、こうした別のコンテクストへの転換は、人間やイルカのような動物のコミュニケーション行動に共通してみられる。しかし通常、人間は特定のコンテクストに囚われていると、なかなかそこから抜け出せないものである。「ドッキリ」を仕掛けられた人が、だまされたことを指摘されたときなかなか状況を理解できないように、一度はまり込んだコンテクストから抜け出すことは容易くはない。人間にせよ、イルカにせよ「自分の期待する型に全体のコンテクストが収まっていくように行動していく」傾向が強いことに変わりはないからである[17]。

---

[15]：グレゴリー・ベイトソン／佐藤良明訳『精神の生態学』新思索社、2000。
[16]：岡本健『コンテンツツーリズム研究—情報社会の観光行動と地域振興』福村出版、2015、p.131。
[17]：長田攻一「社会学におけるコミュニケーション」秋元律郎他『社会学的世界の呈示』学文社、1990、p.152。

そのため、コンテクストの転換を図るためには、それなりの仕掛けが必要となる。現実空間をどのような意味づけで解釈するのかという「場所の意味づけ」の転換は、通常、社会的・歴史的に大がかりな取り組みとなる。「観光のまなざし」がその好例である。「観光のまなざし」は、場所や地域のイメージ形成に、多様なメディアや媒体、さまざまな観光業界のエージェントが絡むなかで、歴史的かつ相互媒介的に醸成される。つまり、場所に対してそれまでとは異なるイメージや意味を付与するのは、それなりの社会的装置が必要とされてきたのだ。

　ところが、アニメ聖地巡礼にみられるような、データベース・モデルによる「場所」認識は、こうしたコンテクスト転換をいとも容易く成し遂げてしまう。ウィリアムスンのいう「指示対象システム」、つまり意味体系の社会的共有のようなプロセスを前提にせず、データベースとの照合作業を個別実践することによって、はるかに低いコストで新たなコンテクストを呼び込むことが可能になったのだ。

　つまり、データベース型場所観は、既存の記号体系の社会的・歴史的蓄積から切り離されているがゆえに、きわめて短時間で新しいコンテクストを喚起することができるのである。その意味では、場所との関係は、いまやこうした「コンテクスト喚起力」に依存するようになったのだといえよう。

3.3. コンテクスト転換の方法の拡散

　地域ブランドをめぐる取り組み、あるいはアートまちづくりやリノベーションまちづくりといった近年の動きは、データベース的な場所観をまちづくりに活かそうとする取り組みに他ならない。言い換えると、先述したような〈想像力によってコンテクストを転換する〉方法を、「まちづくり」的に洗練させようとする動きだといえよう。

　最も分かりやすい形でデータベース的な場所観を活用しているのが、「テーマ化」の手法である。第4章で分析したように、「テーマ化」とは、メディア的幻想を自己準拠的に再現する操作である。テーマ化で再現されるジャングルは、「現実」のジャングルを模倣しているわけではない。私たち自身が、メディアを媒介として作り上げてきた頭のなかの「熱帯」や

「ジャングル」という幻想を投影したものにすぎない。フランスの社会学者ジャン・ボードリヤールがいうように、それは現実の参照点をもたないシミュラークルである[18]。このシミュラークルを集積したデータベースに基づいて、現実空間のイメージをコンテクスト転換していくのが、「テーマ化」の手法に他ならない。

　もっとも、こうしたデータベース消費を取り込んでいるのは「テーマ化」にとどまらない。たしかに「テーマ化」は、ディズニーランドをはじめとするテーマパークやショッピングモールなど、民間企業が主導する動きであり、そこには顧客を誘引するという分かりやすいビジネス上の目的が作動している。しかし、現実空間を「脚色」「演出」するという再帰的な取り組みは、企業活動を越えてまちづくりのさまざまな局面に広く浸透している。

　たとえば、景観法が制定され「景観」概念が社会的に広く注目された2004年に開催された講演会の内容を収録した『〈景観〉を再考する』の冒頭で、主催者は「景観がデザインする対象とみなされている風潮」に対して違和感を表明している。建築家、都市計画家などを中心に「空間としての景観をいかにうまくデザインして作っていくか」という議論があるが、それは「地域社会の感性からは完全に遊離したものになっている」と[19]。ここで感知されている景観をめぐる変化こそ、データベース的な場所観によって景観が大きく変容する動きに他ならない。

　そこでは、〈地域住民が歴史のなかで少しずつ醸成してきた「生活景」〉と、〈外部の都市計画家やデザイナーがデザインした地域から遊離した"見せる"ための景観〉という分かりやすい構図は見えにくくなっている。「歴史」や「伝統」、「生活」といったものすらイメージ要素としてデータベースに蓄積され、それらがまちづくりのプロセスで再帰的に活用されていく。その結果、たとえば小布施の「修景」や川越の「蔵造りの街並み」という形で表層に顕現しているのである。

　こうした再帰的な取り組みは、近年ではより戦略的になっている。典型的には広告代理店が関与する「地域ブランド」の流れでみられる。たとえ

18：ジャン・ボードリヤール／竹原あき子訳『シミュラークルとシミュレーション』法政大学出版局、1984.
19：金子淳「はじめに」松原隆一郎他『〈景観〉を再考する』青弓社、2004, pp.7-8.

ば、第4章でも触れた「シビックプライド」のまちづくりでは、「コミュニケーション・ポイント」という概念が提示されている。住民や観光客が都市イメージに出会う接点を、広告・キャンペーン、Webサイト・映像・印刷物、ロゴ、ワークショップ、都市情報センター、フード・グッズ、イベント、公共空間、都市景観・建築といった9つに分類し、「コミュニケーション・ポイント」と呼ぶ（図5-2）。

そこでは、さまざまな契機が、イメージ醸成のための（広義の）「メディア」として捉え返され、それぞれのメディア特性に応じて、いかに都市イメージの創出や改善を促進するのか戦略的な対応が図られている[20]。

他にも、新潟市上古町商店街ではクリエイターが、旧新潟市漁協組合の手ぬぐいのデザインを再編集したバッグ、うちわ、ブックカバーなどのグッズを作り出した。それらのグッズは一つひとつ、あるいはトータルな一体感のなかで、それ自体がメディアとなって、港町「新潟らしさ」というイメージを組み立てている。

図5-2 都市と市民との接点「コミュニケーション・ポイント」

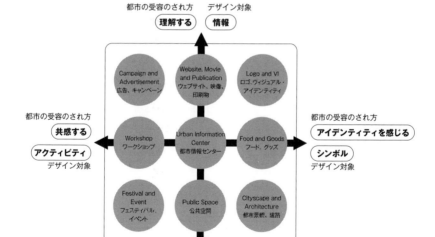

出典）伊藤香織・紫牟田伸子監修／シビックプライド研究会編『シビックプライド』宣伝会議, 2008, p.12

20：伊藤香織・紫牟田伸子監修／シビックプライド研究会編『シビックプライド―都市のコミュニケーションをデザインする』宣伝会議, 2008, pp.12-13.

このように、景観やイベント、あるいはグッズやロゴといった各コミュニケーション・ポイントは、「コンテクスト・マーカー」として再帰的に配置され、新たな場所イメージを喚起する"契機"となっているのである。要するに、まちづくりにおいて、「コンテクスト・マーカー」によって地域や場所のイメージを「編集する」という観念が導入されつつあるといってよいだろう。それは、まさしく先述した「別コンテクストの導入」が意図的に図られているということである。

3.4. 地域再生とコンテクスト転換の手法

　こうした再帰的な取り組みは、とりわけ空き家問題や空洞化地区、空き店舗などの問題に対応していく際には有効な手段となる。こうした地域では、"衰退"というマイナス・イメージが定着しており、そのイメージがさらなる衰退を呼び込むという螺旋的衰退状況に陥っている。こうした状況を脱するには、思い切ったイメージ転換が必要となる。

　アートやリノベーションが注目されるのは、これらの手法が「コンテクスト転換」のための強力な"武器"となるからである。すでに述べたように、アートやリノベーションには「新たな価値創造」を引き起こす力がある。言い換えると「新たなコンテクストを形成する力」、あるいは「コンテクストを転換する力」である。日常を異化して全く新しい視点から物事を捉えるアートの活用、あるいは、トータルなイメージを構築するデザイン手法を駆使するリノベーションの手法は、人びとが場所を捉える際のコンテクストを大胆にシフトする効果を発揮し得る。そのため、地域再生プロジェクトに必要とされる地域イメージのドラスティックな転換の手法として有望視されているのである。

　文芸評論家の円堂都司昭は、このような地域再生プロジェクトに活用される地域イメージの転換を「再舞台化」という概念で捉えている。たとえば、北海道の夕張市は2007年に財政再建団体に指定され、事実上、財政破綻する。その際に夕張市がとった地域活性化策は、破綻原因となったテーマパーク的大型施設などの"ハコモノ"をめぐる「負債ツアー」の実施、あるいは"負債"の意味を込めたイメージキャラクター「夕張夫妻」の創出など、反面教師として「負の遺産」ぶりに焦点を当てた"逆転の発想"

による観光資源の創造であった。それは、バブル時代の「大型のハコモノを建設する物理的なテーマパーク化」のような"舞台化"とは異なり、「すでにある風景をなにかに見立て別の風景へとイメージ操作する、あまり金のかからない（中略）再舞台化」の手法である[21]。

このように「再舞台化」とは、大規模投資に基づく大がかりな都市再開発とはちがい、既存の風景へイメージを"添加"して、それまでとは全く異なる現実を構築するような手法を意味する。全国各地にゆるキャラ®やB級グルメが普及するのも、こうした"お手軽"なイメージ転換を起こしてくれる手法だからである。

本書でこれまで扱ってきたコンテンツツーリズムやリノベーションまちづくりも、こうした文脈で捉えることができる。たとえばリノベーションも、莫大な予算を投じる再開発とは異なり、少ない予算で全体の一部を刷新することで、大きなイメージ転換を図る手法だといえよう。

そして、リノベーションまちづくりが空き家問題を解決する斬新な手法であったように、経済的に逼迫する時代の実行可能な地域活性化策として、「再舞台化」ないし「コンテクスト転換」の手法が前景化してきているのではないだろうか。この点に関して、円堂は次のように述べる。

> 長期的な景気停滞によって建設や土木の夢にかつてのエネルギーは失われた。消費する街であるショッピングモールを核にした再開発は相次いでいるものの、東京湾新都市計画のごとき物理的なビッグ・プロジェクトは、現在では夢想すらしにくいものになっている。むしろ、今あるこの風景を情報としてどのように把握するか、いかなる情報を風景に付加するかといったことのほうに、「未来」性の力点は移ってきた。地面という物理的な制約から逃れられない場所に関し、非物質的な情報空間のレベルでイメージを変化させる傾向が年を追うごとに強まっている[22]。

人口減少時代を迎え、厖大な空き家の再生が喫緊の課題となっている現

21：円堂都司昭『ディズニーの隣の風景―オンステージ化する日本』原書房, 2013, p.164.
22：前掲書[21]円堂(2013), p.166.

状において、私たちはかつてのような大規模開発に依存することはもはや財政的にも困難になりつつある。こうした時代において、いくつかのまちづくりの取り組みのなかで活用され始めた「場所のコンテクスト転換」の手法は、これからのまちづくりを構想していく際のひとつの手掛かりを与えてくれるのではないだろうか。

4・〈場所とつながる〉から〈場所でつながる〉へ

　本章では、第2章で提起した理論的な視点に基づき、コンテンツツーリズムとリノベーションまちづくりの考察をつなげる議論を行った。これらの議論を通じて、〈場所とつながる〉まちづくりの取り組みが、「場所のコンテクスト転換」という視点から一定程度明らかになったのではないだろうか。

　しかし、本書では「場所」をめぐるもうひとつの論点も挙げた。それは〈場所でつながる〉まちづくりの検討であった。それは、「場所」を"触媒"とした身体的な「共在」に関わる議論である。次章以降では、この話題を取り上げたい。

【 セクション III 】

場所でつながる

:::: 第 **6** 章 ::::

人はなぜ場所に集まるのか
——都市空間とコミュニティカフェ——

1・コミュニティか、集まりの場か

1.1. 集まりの場の増加
コミュニティカフェが人の流れを変える

図6-1 ほっとカフェ中川

出典）筆者撮影

　横浜・港北ニュータウンの中心、「センター北」駅の隣にある「中川」駅を降りて駅前商店街に向かうと、その中心交差点脇にあるのがコミュニティカフェ「ほっとカフェ中川」である（図6-1）。フィットネスクラブの入居するビルの一階にあるカフェは、木曜をのぞく毎日10時半から17時半まで営業している。店内はかなり広く、お茶を飲みに立ち寄る住民でにぎわっている。

　コーヒーは1杯230円と安く、地域の人がいつでも気軽に立ち寄ることができる値段である。入口をはいってすぐ右側の壁際には、地域住民の手作り小物、雑貨などを販売する「棚ショップ」がある。手作りのマグカップから無添加ジャム、陶器の"動物"箸置きやパールのアクセサリーまで、所狭しと並んでいる。

　コミュニティカフェの良いところは、普通のカフェなどと違って、気兼ねなく何時間でも過ごせるところである。また、週に2回程度、店内の一角でトランプゲーム入門やフラワーアレンジメントなどの小規模なイベントや教室が開催されているので、気軽に参加することもできる。そのため地域の人たちの交流の場になっている。

　「ほっとカフェ中川」が開設されたきっかけは、隣駅のセンター北駅や

南駅を中心とする中心地区の商業開発が急速に進んだことである。1990年代末以降、この地区ではショッピングモールなどの大規模な商業施設が相次いで建設された。中川地区の住民でもセンター北駅まで買い物に行く人が増加し、2003年から2010年にかけてその割合は19.2%から59.3%へと急増した。その結果、人の流れが隣駅の中心地区に向かうようになり、中川駅前からにぎわいや活気が失われるようになってきたのである。

カフェ設立のきっかけは、2009年に開催されたまちづくりシンポジウムであった。駅前の交流機能衰退への危機感から、参加者より「このまちには人が気軽に集まれるようなカフェがない」という意見が出されたのである。こうして、地域の人の流れを変えるべく設立されたのが「ほっとカフェ中川」である。

「ほっとカフェ中川」の事例から分かるのは、コミュニティカフェの存在によって、地域のなかの"人の流れ"を引きつけて、住民が視覚的に触れあったり、会話したりする交流空間が創出されているということである。地域空間のなかに、"生身の人間"の物理的・視覚的な交差を引き起こす磁場が生まれているのである。

公共広場と住まいのシェア

近年、都市や地域のなかにこのような「集まりの場」が少しずつ増えている。コンパクトシティで有名な富山市の中心市街地には「グランドプラザ」と呼ばれる広場空間が設置されている。2007年の開業以来、年間100件以上のイベントが開催されているこの広場は、市民のさまざまな活動や交流の拠点となっている。

グランドプラザでは、「様々な人の営みを目にすることのできる都会的な眺め」を繰り広げるために、多彩な取り組みがなされている。休日のイベント開催の徹底によるにぎわい創出、常設のカフェテーブルや椅子による滞留感の醸成、傍観者の存在をつねに意識したパフォーマンス性の向上などによって、「多種多様なアクティビティが同時に発生する光景」が生み出されている。それは、イベントの演者、参加者、観客、傍観者、通行人など、多様な佇まいが許されたルーズな集団性に基づく「都会的な眺

め」である[1]。

　グランドプラザの存在によって、中心市街地周辺に人の動きや流れができつつある。それまで空洞化が進行していた都心部に、歩行者同士の対面的な相互作用の活気が再生しているのだ。こうしたグランドプラザの成功は、中心市街地の空洞化に悩む全国の都市から、新たな設置を予定している公共広場のモデルとして注目を集めている。

　また、コミュニティカフェや公共広場よりも、もう少し身近な交流空間も生まれている。そのひとつがシェアハウスである。家族でも友達でもない複数の他人同士が、同じ屋根の下で共同生活をする「住まいのシェア」である。日本シェアハウス・ゲストハウス連盟の調査によると、全国のシェアハウス数は2804件であり、そのうち3分の2が東京都内に立地しているという[2]。

　「住まいのシェア」というと、昔ながらの長屋や寮生活のような共同体的な縛りのきつい集団生活のイメージが浮かぶ。しかし、実際のシェアハウスの空間はそうしたイメージとはほど遠い。共同生活のための最低限のルールはあるが、あとはお互いのプライバシーを尊重して適度な距離を保ち、深入りはしない。「家族」でも「友達」でもなく「一緒に住んでいる人」、それ以上でもそれ以下でもない[3]。

　それでは、なぜあえて住まいをシェアするのだろうか。たとえば、東京・表参道にあるシェアハウス「テックレジデンス表参道」の入居者は「自分にない技術や知識をもった人とも、知り合えるのが魅力」という。さらに「会社とは違う視点で、自由に議論できる時間が癒やし」という人もいる[4]。ふだんの職場や日常生活では得られない体験や知識に気軽に触れることができる「ちょっと公共の場」、あるいは「自分たちの場所の少し外」という空間の魅力が人びとを惹きつけている[5]。

　こうした「自分たちの場所の少し外」を、さらに身近なところで作る動きもある。自宅の一部を開放して、セミパブリックなスペースとして活用

---

[1]: 山下裕子『にぎわいの場 富山グランドプラザ—稼働率100％の公共空間のつくり方』学芸出版社、2013、pp.54-55。
[2]: 日本シェアハウス・ゲストハウス連盟「シェアハウス市場調査2014年度版」2015。
[3]: 篠原聡子・空間研究所・アサツー ディ・ケイ『多縁社会』東洋経済新報社、2015、pp.90-91。
[4]: 『朝日新聞』2015年10月16日
[5]: 前掲書[3]篠原・空間研究所・ADK(2015)、p.90。

する「住み開き」と呼ばれる取り組みである。自宅ビルの屋上をカフェとして開放する、あるいは自宅に水族館を作る、ワークショップの場として開放する、ギャラリーにするなどさまざまである[6]。共通するのは、プライベートな生活空間を、友達以外のさまざまな人に触れる機会を想定したセミパブリックな空間として捉え返していく意識である。

1.2. 集まりの機能とは
これはコミュニティの再生なのか

こうした現象は、一般的に「コミュニティの再生」という視点から捉えられることが多い。たとえば、消費社会研究家の三浦展による『これからの日本のために「シェア」の話をしよう』のなかでは、シェアハウスは「シェア」という観点からホームシェア、オープンガーデン、カーシェアリングと並べられている。そのうえで「シェアで重要なのは、共有や共同利用は一種の手段であって、目的はむしろコミュニケーションであり、そこから自然にはぐくまれるコミュニティだということである」とされる[7]。「場所の共同利用」がコミュニケーションを生み、それが互いの助け合いをもたらすコミュニティを育むと意義づけられている。

また、2015年に刊行された『多縁社会』は、2010年の「無縁社会」"ブーム"現象、その翌年の東日本大震災後の「絆」に対する日本人の意識の大きな変化を踏まえて、シェアハウスや「住み開き」などの動きに注目する。この議論でも、「無縁」への対処方法として、「場所」を介した「縁の構築」が注目されている。さまざまな縁を作っていくうえで、建物、住宅、空き家、商店街などの「場所のリソースの再発見」が鍵となっている点が強調される[8]。

他方で、コミュニティデザイナーの山崎亮は『コミュニティデザインの時代』のなかで、「場所」側の視点から「集まり」を捉える。この議論では、広場や道路に人が集わなくなったのはデザインが古びたからではなく、屋外空間を使いこなしていた地縁型コミュニティが弱体化したからである

6：榎並紀行「家から始めるコミュニティづくり、『住み開き』のススメ」『SUUMOジャーナル』2013年10月11日 http://suumo.jp/journal/2013/10/11/53573/
7：三浦展『これからの日本のために「シェア」の話をしよう』NHK出版、2011, p.23.
8：前掲書[3]篠原・空間研究所・ADK(2015), pp.288-289.

とする。したがって、広場に人を集めるためには、新しい時代に即した（福祉や環境や趣味などのテーマに応じた）テーマ型のコミュニティを集める必要があると見る[9]。

いずれの議論でも、既存のコミュニティとは異なるタイプの新しい「つながり」に注目している。三浦の議論では、戦後の日本社会を支えてきた地域社会、企業、家族のすべてが弱体化した現在、新しいコミュニティが求められており、「場所の共同利用」を含めたシェアは、こうしたコミュニティづくりを促すと見ている。『多縁社会』でも、シェアハウスやコレクティブハウスなどが育む、場所を基盤とした絆は、従来の「血縁、地縁、社会」という考え方ではまったく捉えきれないものと論ずる。

山崎の議論では逆に、地域の課題を発見し、整理し、解決していくためには、弱体化した「地縁型コミュニティ」の代替となる「テーマ型コミュニティ」を集めるべく、広場や道路などの「空間」を活用していくことが重要であるとされる。

以上のように、「人びとが場所に集まる」という現象を、多くの議論では新しいタイプのコミュニティづくりという視点から捉える傾向が強い。そこでは、広場にせよ建物にせよ、何らかの「場所的共在」は、コミュニティ形成のための"手段"や"インフラ"のように見られているのである。

消費空間の集まり―ショッピングモール研究

では、消費空間の「集まり」現象に関してはどのように捉えられているのだろうか。1990年代から2000年代にかけて、都市中心部の商店街の空洞化や衰退の流れは、中心市街地活性化法などさまざまな手当にもかかわらず、押しとどめようもないほど進んできた。

替わりに人びとが集うのが、郊外に増殖しつつあるショッピングモールである。多彩なテナントを取りそろえた巨大な商業施設内部には、憩いの広場などのオープンスペースや広い街路空間（モール）が設けられ、長時間気兼ねなく過ごすことが可能となっている（図6-2）。さながら、かつての商店街空間や都心空間のごとく、消費と娯楽が一体となって人びとを誘引する現代の"パブリック・プレイス"として機能している。

9：山崎亮『コミュニティデザインの時代―自分たちで「まち」をつくる』中央公論新社, 2012, pp.14-15.

図6-2　ららぽーと富士見

出典）ららぽーと富士見 by Norio NAKAYAMA（Flickrより）

　にもかかわらず、ショッピングモールの「パブリック・プレイス」としての側面はほとんど議論されることがない。議論されることがあるとすれば、もっぱらネガティブな事例としてである。これまでも、さまざまなマイナスのレッテルが貼られてきた。たとえば、──ショッピングモールに人びとが集うということは、商店街で消費を行わなくなることを意味する。商店街では売買をめぐって人間同士のコミュニケーションがある。しかし、ショッピングモールは単なる消費空間であるために他者と出会うことのない「没社会性」の空間となっている──。このように、大型商業施設に囲い込まれることによって、人と人とのコミュニケーションが消失していると批判されることが少なくない[10]。

　だが、こうした議論を除くと、その集まり現象やパブリック・プレイス機能には、ほとんど研究上の焦点は当てられていない。むしろ、景観や消費空間の側面が考察の対象とされる傾向にある。特に、ショッピングモールは「景観」の観点から問題視されることが多い。たとえば、ショッピングモールは、風土のマクドナルド化（均質化）という意味の「ファスト風土化」を引き起こしていると批判されている。地方や都市郊外地域に次々と増設される大型商業施設空間は、互いに異なる多様な風土をもった地方文化を破壊し、世界中の地域、生活、文化を均質化していると見られてい

10：三浦展編『脱ファスト風土宣言──商店街を救え！』洋泉社、2006、pp.24-26.

る[11]。

　そして、もっとも多いのは消費空間としての分析である。今日では観光客をも誘引する集客装置として機能していること[12]、あるいはディズニーランドと同様の「テーマ化」による空間演出が作動していることなどが分析されている[13]。また、社会学者の若林幹夫らによるショッピングモールの体系的な共同研究では、その歴史や系譜、内部空間の分析などが詳細に行われている。この研究でも、空間コンセプトの変遷、建築空間や情報空間としての構成、あるいは空間的な均質性や多様性の問題などがテーマとされている[14]。つまり、広義の消費空間が分析の対象となっているのだ。

　もちろん、ショッピングモールがある種の公共性の空間、共同性の空間になりつつあり、いろいろなイベントを仕掛けて人びとを集めることによって、ある種のコミュニタスを生み出している、という指摘も一部ではなされている[15]。だが、こうした空間的なインタラクションが実際に何をもたらしているのか、詳細に分析する段階にはいたっていないのが現状である。

都市空間のコミュニケーション―盛り場研究

　もともと「場所への集まり」という現象は、わが国の社会学の議論のなかでもさほど注目されてきたわけではない。都市空間の「集まり」であれば、都市コミュニティ論の文脈で派生的に捉えられてきたにすぎないし、「祭り」などの「集まり」であれば、地域コミュニティ論や民俗学的な文脈で目配りされてきたにすぎない。主要なテーマはつねに、「コミュニティ」であり「ネットワーク」であったといえよう。

　ただし、この「場所への集まり」に対する関心は、"細々"とではあるが、都市空間の相互作用やコミュニケーションの問題系として研究されてきた系譜がある。古くは、都市社会学者の磯村英一による「第三空間」論が挙げられる。この議論では、住居の「第一空間」、職場の「第二空間」に対して、デパート、飲食店、映画館、演技場、ホテル、旅館などの盛り

---

[11]：前掲書[10]三浦(2006), pp.14-15.
[12]：遠藤英樹「モビリティーズ時代の幻影」井尻昭夫他編『ショッピングモールと地域』ナカニシヤ出版, 2016.
[13]：松本健太郎「現代における『意味の帝国』としてのショッピングモール」前掲書[12]井尻他編(2016).
[14]：若林幹夫編『モール化する都市と社会―巨大商業施設論』NTT出版, 2013.
[15]：前掲書[14]若林編(2013), p.334.

場を「第三空間」と呼び、こうした場での匿名的な相互作用に注目した[16]。

コミュニケーション学者の藤竹暁は、空間的な移動性が高まるにしたがって、人びとは都市の雑踏空間や消費空間のなかにおける「情報受容能力」を高めている点を強調した[17]。社会学者の吉見俊哉は、1920年代の浅草や銀座、1970年代の新宿や渋谷を素材に、盛り場における視覚的な相互作用について論じた[18]。

しかしながら、こうした盛り場研究の系譜は、社会学においては1980年代後半から1990年代にかけて台頭してきた新しいタイプの「コミュニティ論」に収斂していく。社会学者の上野千鶴子は、1987年に「選択縁」という概念を提示する。この概念は、磯村の「第三空間」論などの盛り場研究の関心を「人間関係」論として引き受けたものである。すなわち、盛り場や繁華街などで交わされる相互作用が生み出す新しいタイプの「つながり」を、従来の「血縁」や「地縁」、「社縁」とも異なる「選択縁」と名付け、その可能性を論じた[19]。

また、社会学者の宮台真司は1990年代に、若者文化論の文脈で「家」「学校」「地域」という3つの空間とは異なる「第四空間」概念を提示している。この概念は、磯村の「第三空間」と同様に主に都市の匿名的な空間を意味するが、内容的には「共同体意識の極小化」という「コミュニティの変容問題」が関心の焦点となっている[20]。

このように見てくると、「人びとが場所に集まる」という現象を、その「集まり」や「相互作用」そのものに照準を定めて分析するのではなく、従来型のコミュニティに替わる「新たなコミュニティの形成」という視点に"回収"してしまう社会学のスタンスは、1980年代から現在まであまり変わっていないことが分かる。

こうした視点が、一定の有効性をもつことは理解できる。しかし、「集まり」で生ずるインタラクションは、必ずしもコミュニティを形成すると

---

[16] 磯村英一『都市社会学研究』有斐閣, 1959／磯村英一「人間と都市環境」磯村英一・吉富重夫・米谷栄二編『人間と都市環境—①大都市中心部』鹿島出版会, 1975, pp.1-11.
[17] 藤竹暁「情報環境論—現代におけるコミュニケーションに関するノート」藤竹暁・林進・辻村明・斎藤茂太「コミュニケーションの将来」学研, 1972, pp.13-64／藤竹暁「都市空間とコミュニケーション」倉沢進編『都市社会学』東京大学出版会, 1973, pp.105-126.
[18] 吉見俊哉『都市のドラマトゥルギー—東京・盛り場の社会史』弘文堂, 1987.
[19] 上野千鶴子「選べる縁・選べない縁」栗田靖之編『日本人の人間関係』ドメス出版, 1987, pp.226-243.
[20] 宮台真司『まぼろしの郊外』朝日新聞社, 1997.

は限らない。むしろ、「コミュニケーション」や「相互作用」といった広い概念で捉えることで、「集まり」の別の側面や働きが見えてくるのかもしれない。さらにいえば、ショッピングモールの「集まり」も商店街の「集まり」も、同一の視点から論じることが可能になるかもしれない。「コミュニティを作る集まり」のみが"良い"集まりである、という無意識の視野の偏りも微修正できるであろう。

　本章と第7章では、パブリック・プレイスのような場所に人びとが集まっている際に、そこで営まれる相互作用を通じてどのような「場所」観が生成されているのか検討を行いたい。つまり、第2章で検討した概念を用いるとすれば、「場所」を"触媒"とした身体的な「共在」はどのような意義や働きをもっているのか、考えてみたいのだ。

　さて、本章では具体的には、冒頭で挙げたコミュニティカフェを素材として議論を行っていきたい。コミュニティカフェは、「集まりの場」をめぐるまちづくりのなかでは、近年、最も関心を呼んでいる事例である。しかしそれだけでなく、ショッピングモールや公共広場と比較しても、そこに集まる利用者の目的や機能の多彩さが際立つという点も注目される。お茶を飲むために利用する人もいれば、地域のネットワークづくりのために参加する人もいる。したがって、場所に集まる行動の多面性が比較的見えやすいのではないかと予想されるのである。

2. コミュニティカフェは「コミュニティ」を再生しているのか

2.1. コミュニティカフェの概要

コミュニティカフェとは

　コミュニティカフェとは、「タウンカフェ」や「コミュニティサロン」などさまざまな呼ばれ方がされる"まちのたまり場"のことを意味する。普通のカフェや喫茶店と異なり、お茶を飲むことよりも、他の客や店の人と交流したり情報交換したりすることが大切にされる場所である。したがって、「カフェ」であることが必ずしも必要というわけではない。

　だからといって、店のスタッフや他の客との会話や交流が無理強いされているわけでもない。一人でいることも許容される場である。他者との会

話に加わらず、他の人たちのおしゃべりに耳を傾けたり、一人で読書にふけることもできる。つまり、コミュニティカフェとは利用者が思い思いのスタンスで居られる場所であり、その意味で「多様な社会的接触」が許容されているといえる[21]。

高齢者の人たちが"居場所"を求めて集まる場もあるが、子育て中の母親が、お互いに"おしゃべり"したり相談し合ったりするために立ちよる子育て支援の施設なども、一種のコミュニティカフェといえる。また、東京・世田谷の「岡さんのいえTOMO」のように、古くなって空き家になった民家を、地域の大人や子どもが集う場として"家開き"的に開放した場合、それもコミュニティカフェである。スローカフェのように、有機無農薬コーヒーやフェアトレード、スローフードなど、ライフスタイルや文化の魅力が中心となって人を引き寄せ、さまざまな人が結びついていくような場もある。

では、図6-3を見てみよう。これは関東圏のコミュニティカフェ111箇所への質問紙調査の結果である[22]。

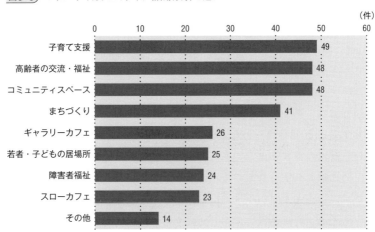

図6-3 コミュニティカフェのタイプ（活動分野）の違い

21：田中康裕・鈴木毅・松原茂樹・奥俊信・木多道宏「コミュニティ・カフェにおける『開かれ』に関する考察―主（あるじ）の発言の分析を通して」『日本建築学会計画系論文集』614，2007, p.117／田中康裕「コミュニティ・カフェによる暮らしのケア」高橋鷹志・長澤泰・西村伸也編『環境とデザイン』朝倉書店，2008, p.103．
22：関東7県のコミュニティカフェ282箇所に対して、2013年3月から5月にかけて実施した調査。123箇所から回答が得られたが（回収率43.6％）、コミュニティカフェの定義からはずれる箇所を除外した結果、残りの111箇所について分析を施した。調査結果の詳細については、以下を参照。田所承己「コミュニティカフェにおけるイベント活動に関する研究―運営に関する質問紙調査の分析を通して」『帝京社会学』28，2015, pp.103-125．

コミュニティカフェにもさまざまなタイプがあることが分かる。子育て支援タイプ、高齢者の居場所タイプ、多世代向けのコミュニティスペースなどが多い。これらの場所は、会話を交わしたり一緒にすごしたりする"交流の場"、地域の人たちの"居場所"である。その一方で、住民のまちづくり拠点、ギャラリーカフェ、スローカフェなども少なくない。こうした場所は、多様な人たちが集まって相互に刺激しあうような、文化や情報の発信拠点という性格が強い。

コミュニティカフェの機能とは

では、実際にコミュニティカフェでは何が行われているのだろう。機能別に分けると、おおよそ次の4つになる。

(1) 喫茶機能：カフェや食事の提供
(2) サービス提供機能：子育て相談、介護相談、生活支援など
(3) イベント開催機能：音楽会、菓子作り、ギャラリー、フェスティバル、フリーマーケット、英会話教室、講演会など
(4) 地域情報交換機能：掲示板、地域情報のチラシ、地域の人の手作り工芸品や地元産の物品展示（販売）など

これらの機能がすべて必要だというわけではない。喫茶機能がなくても、コミュニティカフェといえる場所は少なくない。ただ、コミュニティカフェのなかには、飲み物や食事を出すところが多い。人はものを食べたり飲んだりすることでくつろいだ気分になり、"お茶"することで会話がはずんで打ち解けたりするからである。飲食機能は、いわば「居心地よくすごす」ための道具のようなものである。

また、さまざまなイベントを開催しているところも多い。私たちは、食事をするため、介護相談をするためにある場所に行くことがある。その一方で、ある場所で音楽会や写真展などのイベントが開かれていると、それがきっかけとなってそこに集まるものである。イベントでは共通の話題から会話もはずみやすく、知らない人ともつながりやすくなる。

以下では、イベント開催機能と地域情報交換機能について、より詳しく

見てみよう。

イベント参加や情報収集活動

　ほとんどのコミュニティカフェでは、多種多様なイベントが開催されている。筆者が2013年に実施した、関東圏のコミュニティカフェ運営者を対象とする質問紙調査によると[23]、イベントをまったく開催していないというコミュニティカフェは3件にとどまった。図6-4は、カテゴリー別にイベントを開催しているコミュニティカフェの割合を示したものである。「講座・教室」が最も多く、以下「講演会」、「音楽会・写真展」、「勉強会・ワークショップ」などと続く。IT講座や料理教室などの講座系イベントは地域の人びとに足を運んでもらうのに適している。また、音楽会や寄席などの芸術系のイベントは趣味・娯楽的な要素が強く、だれでも参加しやすいところが魅力となっている。

　一方、筆者が2015年に実施した、横浜市のコミュニティカフェ利用者を対象とした質問紙調査によると[24]、イベント参加者は全体の42.1％になり、

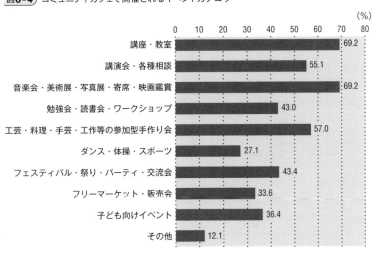

図6-4 コミュニティカフェで開催されるイベントカテゴリー

23：前掲[22]と同一の調査。
24：2015年4月から7月にかけて、横浜市内の3箇所のコミュニティカフェにおいて実施した調査。最終的に286票（回収率67.0％）のデータが集まり、そのうち有効回答数は273票であった。調査手続きの詳細に関しては、以下を参照。**田所承己**「コミュニティカフェとパーソナル・ネットワーク―利用者を対象とする質問紙調査データの分析」『帝京社会学』29, 2016, pp.113-143.

スペース利用者とあわせると54.6%にも上った。つまり、過半数の利用者が、何らかの形で直接的な会話や交流が生まれる可能性が高い利用の仕方を行っていることが分かった。その意味では、通常のカフェや喫茶店のように、他の利用者との"没交渉"が当たり前の場所とはやや異なるといえよう。

他方で、コミュニティカフェは地域内外の情報に接触できる場としても機能している。地域の各種イベント、趣味・健康サークルなどの情報が、スタッフや利用者を介して、あるいは印刷物を介して集まり、やり取りされる場所でもある。いわば「地域の情報の交差点」のような場となっている。

とりわけ注目されるのが、地域に関わるさまざまなチラシや情報紙が置かれた閲覧スペースが設けられている点である。ほとんどのコミュニティカフェでは、こうしたスペースに数十種類のチラシが置かれ、利用者は時間のあるときに思い思いに閲覧している。筆者が調査したところ、コミュニティカフェに置かれているチラシは、およそ次のようなカテゴリーに分類された（表6-1）[25]。

実際にどの程度チラシが閲覧されているかというと、「利用するたびに」が17.4％、「ときどき」が27.7％、「たまに」が21.0％となっている。「利用するたびに」と「ときどき」を合わせると、45.1％もの利用者が比較的よく閲覧しているということになる。

表6-1 コミュニティカフェに置かれたチラシの分類

子育て・親子関係 （サークル・講座・イベント等）	子ども向けイベント・教室
地域情報紙（誌）・地域マップ	料理・ものづくり教室
NPO・NGO活動	文化芸術イベント
福祉	地元店舗
地縁団体	行政情報
スキルアップ講座	マッサージ・ボディケア・ヨガ・整体
セラピー	その他

[25]：2015年4月に横浜市内のコミュニティカフェ複数箇所において、その時点で置かれていた全チラシを分類した。各箇所におけるチラシは約50～80種類となった。

以上をまとめると、ほとんどのコミュニティカフェではさまざまなイベントが定期的に開催されており、およそ半分の利用者がイベントに参加している。さらに地域のイベントなどに関するチラシを比較的よく閲覧する利用者も半数近くに上り、こちらもよく利用されている。その意味では、コミュニティカフェのイベント開催機能と情報交換機能は、利用者の積極的な参加を呼び込んでいるといえよう。

2.2. コミュニティカフェに対する期待
メディアの視線

　それでは、コミュニティカフェは一般的にどのような意義をもつ場所として捉えられているのだろうか。あるいは、人びとはコミュニティカフェにどのような期待をしているのだろうか。まず、メディアによる捉え方を見てみよう。
　コミュニティカフェに対するメディアの典型的な期待や捉え方を表現しているのが、『日本経済新聞』の記事「住民の交流の場　広がる」である。この記事の冒頭は以下のように始まる。

> 　国勢調査で単身世帯が初めて3割を突破、家族のありようが大きく変わるなか、地域社会のきずなが見直されている。きずなづくりのきっかけとなるのが、住民が気軽に立ち寄り交流する場の存在だ。「地域の茶の間」などと呼ばれ、自治体なども後押しする。高齢者も、子育て世帯も、近所に顔なじみがいれば安心だ。（2011年7月5日　日本経済新聞）

　この記事では東日本大震災後、住民たちが不安なときに、コミュニティカフェ利用を媒介に形成されていた"支え合うつながり"が、人びとに安心感を与えた点が強調されている。そして、コミュニティカフェを、「地域のきずな再生」や「コミュニティ再建」のひとつのきっかけとなる交流の場として意義づけている。
　単身世帯が増加し、家族という支え合いの基盤も縮小するなか、地域社会の相互扶助的なつながりが改めて見直されている。とりわけ震災などの

非常事態のときに、身近な近所の支え合いは頼りになる。こうした観点から、コミュニティカフェは"地域関係を再生してくれる場"として期待されているのである。

研究者の視線

　コミュニティカフェのような場が生み出す相互作用に、単身世帯の増加や高齢化のなかで切実に求められている相互扶助ニーズの解決策を見出していく傾向は、研究者においても強い。

　たとえば、東京・多摩市にはコミュニティカフェの代表的モデルとして全国的に知られている「福祉亭」がある。建築学者の上野淳・松本真澄は『多摩ニュータウン物語』において、開発が始まってから40年以上になる多摩ニュータウンの生活実態を、高齢者の生活環境から子どもの成育環境や地域活動まで丹念に調べ上げている。この研究においては、高齢者に対して趣味活動などを通じて交流場所を提供している「福祉亭」は、生活支援や孤立防止の面でも役に立つ「居場所」として位置づけられている。つまり、自立高齢者の地域継続居住を支える「相互扶助サービス」という観点からコミュニティカフェの意義が捉えられているのである[26]。

　また、社会福祉学者の倉持香苗は『コミュニティカフェと地域社会』のなかで、コミュニティカフェを「互いに支え合う関係」という視点から捉えている。近年、社会的排除など公的な福祉サービスでは対応しきれない多様なニーズや孤立死などの問題が生じており、地域住民の支え合いの必要性が求められている。こうしたなか、性別や年齢を問わず誰もが気軽に利用できるコミュニティカフェは、子育て中の母親や一人暮らしの高齢者など、顔見知りではなかった者同士がつながり、助け合える関係を構築できる場として、その意義が高まっているという[27]。

　このように、研究者の視点では、高齢化や公的な福祉サービスの機能不全といった問題意識を背景に、「互いに支え合う関係」である相互扶助的な関係をコミュニティカフェの帰結点として想定する傾向が強い。それは、端的にいえば「地域コミュニティ」的な関係の再生を何らかの形で投影し

26：上野淳・松本真澄『多摩ニュータウン物語』鹿島出版会, 2012, pp.64-120.
27：倉持香苗『コミュニティカフェと地域社会』明石書店, 2014, pp.116-133.

ていることに他ならない。

2.3. コミュニティカフェと「コミュニティ」
人びとのつながり

　では、実際のところコミュニティカフェで人びとは本当に「つながり」を作っているのだろうか。また、もし「つながり」ができているのだとすれば、それはどの程度のものだろうか。ここでは、（先述した）筆者が2015年に実施した、コミュニティカフェ利用者を対象とする質問紙調査データの分析を通して考えてみたい。

　「つながり」を捉えるために、この調査では近年、都市における人間関係の広がりを把握する手法として採用されることの多い、パーソナル・ネットワーク分析の手法を用いた。この場合の「ネットワーク」とは、その人が何人と親しい関係にあるか、その人数や範囲を尋ねたものである。

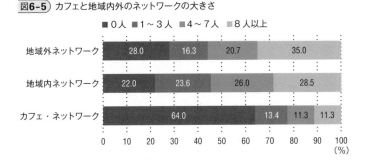

図6-5　カフェと地域内外のネットワークの大きさ

　図6-5は、カフェで知り合ったネットワーク、地域内の知り合いのネットワーク、地域外の知り合いのネットワークのそれぞれの大きさ（人数）を比べたものである。

　これを見ると、カフェ・ネットワークを作っている人は、実際には利用者の36％にすぎない。カフェを利用する人のうち、64％の人は誰ともつながりをもっていないのである。この割合は、地域内でつながりをもっていないという人が22％、地域外でつながりをもっていない人が28％にとどまっていることと比べても、極端に多いことが分かる。つまり、コミュニテ

ィカフェは地域に「コミュニティ」を作り出すことが期待されてはいるが、実際には利用者の3分の2もの人たちは誰かと知り合うという経験すらしていないのである。

では、カフェの利用立場によってつながりの大きさは異なるのであろうか。そこで、カフェのスタッフ、イベント参加者、飲食利用者という立場ごとに、ネットワークの大きさを比べてみた。

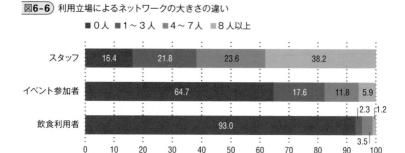

図6-6 利用立場によるネットワークの大きさの違い

図6-6をみると、カフェのスタッフはやはり利用者や他のスタッフと触れあう機会が多いため、まったく知り合いができていないという人は16.4％にとどまっている。ところが、イベント参加者の64.7％、飲食利用者にいたっては93.0％が誰とも知り合いになっていないことが分かる。

飲食利用者は、コミュニティカフェを通常のカフェや喫茶店のようなイメージで使っていて、特に知らない人に話しかけたり、交流をしたりしていないのであろう。しかし、イベント参加というのは、イベントを通じてある程度の共同作業を行ったり、対話などの交流をするものであり、互いに知り合いになる機会が少なからず発生するはずである。にもかかわらず、イベント参加者の3分の2の人たちにとっては、誰かとつながるチャンスには結びついていないという驚きの結果になっている。

つながりを規定する要因とは

そこで、これらの結果をもう少し厳密な方法で検証してみた。コミュニティカフェで知り合いになった人数が、どのような要因によって規定され

ているのか、重回帰分析という手法を用いて分析した[28]。すると、コミュニティカフェの利用期間が長くなっても、利用頻度が増えても、それはつながりの増加には結びついていないことが分かった。また、コミュニティカフェで開催されるイベントに参加したとしても、それによって知り合う人が増えるということもなかった。

　では、どういう要因によって、知り合う人数が増えているのだろう。まず、やはりスタッフはその他の人よりも、知り合う人数が多い。もっとも、これは当然の結果である。その他には、参加するイベントの種類が増えると、つまりさまざまなイベントに参加する人ほど、そこで知り合う人数が増えることが分かった。

　以上より、スタッフであることを除くと、さまざまなイベントに参加することによって、初めてコミュニティカフェでの"コミュニティづくり"につながっているということが明らかになった。逆にいうと、それ以外には、いくらカフェを利用する期間が長くなっても、あるいはいくら頻繁にカフェに通うようにしても、それによってカフェを媒介にした"つながり"が充実していくということはなかったのである。

　これまでの分析をみる限り、コミュニティカフェは一般的に期待されているほど、コミュニティづくりの"きっかけ"に結びついているとはいえないようである。それでは、なぜ人びとはコミュニティカフェに集まるのであろうか。なぜ、誰かとつながるわけでもないのに、パブリックな場所を訪れるのであろう。

3・コミュニティカフェの場所の意味づけ

　本節では、人びとがコミュニティカフェに集まる理由を探るため、利用者がコミュニティカフェという場をどのように意味づけているのか探りたい。それは、利用者が日常生活のなかでコミュニティカフェという「場所」をどのように位置づけているのか、あるいは自分の生活や人生にとってどのような意味をもっていると思っているのか探究することである。

　このような側面に焦点を当てることによって、「コミュニティ再生」や

28：重回帰分析の結果の詳細に関しては、前掲論文[24]田所(2016)を参照のこと。

「相互扶助機能」にとどまらないコミュニティカフェの"魅力"や"意義"が見えてくるかもしれない。そして、それが明らかになることで、昨今の利用者がパブリック・プレイスに何を求めているのか、手掛かりを得ることができるであろう。

3.1.「中間的な関係」と「Youの場」

まず、コミュニティカフェという場所の意義に関して、これまでの研究はどのようなことを明らかにしてきたのだろうか。その点をおさえておきたい。

建築学的研究の一部には、コミュニティカフェという「集まりの場」における相互作用を、「コミュニティ」や「相互扶助関係」に"押し込める"ことなく、より幅広い視点から捉えようとする研究もみられる。たとえば、建築学者の田中康裕はコミュニティカフェの相互作用のなかに、「親密な関係」になる手前の「中間的な関係」が生起している点に注目し、次のように述べる。

> コミュニティ・カフェで築かれている関係は（中略）家族にたとえられるような関係だけでなく、顔見知りという中間的な関係も築かれている。学校帰りに水を飲みに立ち寄るなど、子ども達も日常的に出入りする「街角広場」においては、子どもと高齢者という異世代の顔見知りという関係が築かれている[29]。

「中間的な関係」とは、上記のように"異世代の顔見知り"関係がその典型であり、コミュニティ的な親密関係でもなければ、完全な没交渉の匿名的関係とも異なる「中間的な濃度の関係」を意味する。だからといって、「中間的な関係」は「親密な関係」へ向かう過渡的形態ではない。それ自体が「社交」や「外部世界への志向性」を醸成する積極的な意味合いをもつ[30]。

同様の視点から、建築学者の橘弘志は、コミュニティカフェのような

---

[29]：前掲書[21]田中康裕「コミュニティ・カフェによる暮らしのケア」高橋・長澤・西村編 (2008), p.105.
[30]：田中康裕・鈴木毅「地域における異世代の顔見知りの人との接触についての一考察―『中間的な関係』と『場所の主』の観点から」『日本建築学会計画系論文集』73(632), 2008, pp.2107-2115.

図6-7 社会的関係性の許容性から見た場のタイプ

場の種類	Weの場	Theyの場	WeとTheyの複合場	Youの場
模式図	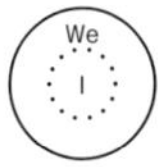 We / I	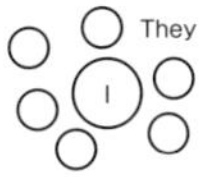 They / I	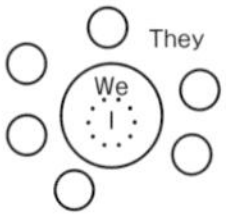 We / I / They	 They / You / I
場の参加形態	私の個人的に親しい人の集まり	私の全く知らない他人同志の集まり	他人ばかりの中で個人的に親しい人で集まる	私と他人とをつなぐ媒介者がいる
関わりの規定性	場の中ではかなり密度の高い関係が要求される。関係が外に広がることはない。	場の中でのコミュニケーションが要求されない。個人個人はバラバラの存在。	Weの関係は内部だけで完結しており、Theyに広がっていくことはない。	Youを媒介とすることでTheyと間接的な関わりを持ち、場での関係が選択できる。

出典）橘弘志・高橋鷹志「地域に展開される高齢者の行動環境に関する研究」『日本建築学会計画系論文集』496, 1997, p.93

「まちの居場所」は、個人と未知の世界を媒介する「You的存在」になり得るとみる。この議論では、都市空間で人が集まる場のタイプは、図6-7のように、社会的許容性の観点から4つに分類される。

「Weの場」は、趣味サークルでレストランを貸し切る場合のように、お互い親しい知り合いで構成される場である。「Theyの場」は、カルチャーホールで開催される市民講座の集まりのように、人が集まってはいるが、互いに没交渉でコミュニケーションが起こらないような場を意味する。「WeとTheyの複合場」とは、業界の立食パーティの会場で自社の同僚とのみ固まって会話しているような状況である[31]。

それに対して「Youの場」とは、全員が知り合いではないが、Theyと関わるきっかけが胚胎されているような場を意味する。たとえば、銭湯や商店では、媒介となる人や環境の存在によって、自分の世界が広がっていく可能性がある。

以上のように、コミュニティカフェの相互作用の帰着点に「コミュニティ関係の再生」を予断的に想定するのではなく、「中間的な関係」や「Youの場」といった、より幅広い視点から捉えることが肝要となろう。

31：橘弘志・高橋鷹志「地域に展開される高齢者の行動環境に関する研究―大規模団地と既成市街地におけるケーススタディー」『日本建築学会計画系論文集』496, 1997, p.93.

なぜなら、そうした作業を通じて初めて、「人が集まる」という現象の幅広い社会的意義について考察を及ぼすことが可能となるのだから。

3.2. コミュニティカフェの5つの意味づけ

ここでは、さまざまなイベントが開催され、地域の「情報の交差点」にもなっているコミュニティカフェに対して、利用者はどのような意味づけを行っているのか見てみたい。つまり、利用者にとってコミュニティカフェとはどのような場所といえるのか、他の場所と比較したときの示差的な特徴とは何なのか、分析を試みたい。

ここでは、（2節でも使った）利用者を対象とした2015年実施の質問紙調査のデータを用いる。分析の結果、図6-8のように、利用者は次の5つの意味づけをコミュニティカフェに対して行っていた[32]。

まず、一般的なコミュニティカフェに対するイメージと比較的近い「開放的コミュニティ」と呼べるような意味づけが抽出された。「信頼感ができている」、「安心感がある」、「この場のつながりは一時的なものではない」など、いわゆるコミュニティ的な場所として受けとめる傾向が見られる。ただし、同時に「誰もが対等に振る舞える場所」、「初めて会う人同士でも気軽におしゃべりできる場所」など、古いタイプの共同体とは異なる

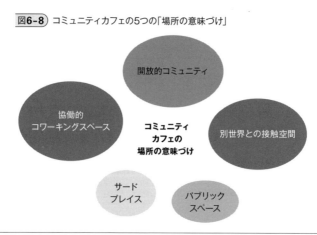

図6-8 コミュニティカフェの5つの「場所の意味づけ」

---

[32]：利用者によるコミュニティカフェに対する「場所の意味づけ」に関して、因子分析を行った。調査結果の詳細は、以下の文献を参照。田所承己「モビリティ時代に人はなぜ場所に集まるのか──コミュニティカフェの『場所の意味づけ』を手掛かりに」『帝京社会学』30, 2017.

開放的な性格をもつ場として意味づけられているのが特徴である。

その他には、それほど傾向は強くはないが、「サードプレイス」「パブリックスペース」といった意味づけも見出された。「普段の役割や肩書きから解放される」、「自分の居場所のように感じられる」といったように、職場や家庭などとは異なる居心地のよい居場所＝「サードプレイス」的な意味合いを付与する傾向も見られた。また、「ここは目的がなくても気軽に訪れることができる」、「どんな人でも受け入れてくれる場である」といったように、誰に対しても開放されている、いってみれば公園や広場、あるいは喫茶店やカフェのような「パブリックスペース」的な意味合いで受けとめている傾向も見出された。

以上の「開放的コミュニティ」「サードプレイス」「パブリックスペース」という３つの意味づけは、ある程度予想がつくイメージである。メディアなどで「地域のなかにコミュニティカフェができました」と喧伝されるときに、多かれ少なかれこの３つのイメージをともなうことが多い。そして、実際に利用者自身もこうした意味づけを行っていることが確認されたわけである。

ところが、今回の調査からは、そうした一般的なイメージとは異なる意味づけも析出された。「協働的コワーキングスペース」と「別世界との接触空間」という意味づけである。

「協働的コワーキングスペース」とは、仕事や自己実現において刺激を受ける場というような意味づけである。たとえば「他者との接触によってアイディアが生まれる場所」、「新しい協働やコラボレーションが生まれる場所」、あるいは「自己実現に向けて刺激を受ける場所」など、何からの活動を推進していくうえでの"インキュベーター"的な意味合いを見出す傾向が見られる。同時に「人に必要とされているという実感を得られる」、「つながりを感じることができる」といった協働的な紐帯の意識もそこには生まれている。

他方で「別世界との接触空間」とは、いまの自分にはまだない能力や情報、あるいはそうしたものをもたらしてくれる多様性を含む別世界へとつないでくれる空間といった意味づけである。具体的には、「ふだん出会えないような多様な人びとに出会える場」、「多様な考え方や価値観に出会え

第6章：人はなぜ場所に集まるのか

る場」、「アイディア、機会、人脈をシェア（共有）することができる場」、「自己実現のために必要な情報や人脈、スキルを得ることができる場」といった場所の受けとめ方である。

　以上より、一般のメディアの捉え方ではコミュニティカフェは「コミュニティ再生」的な文脈で意味づけられる傾向が高いのだが、実際の利用者の意味づけにおいては、もう少し多面的であることが分かる。とりわけ注目されるのは、通常のコミュニティ的なイメージとは異なる「協働的コワーキングスペース」と「別世界との接触空間」といった場所イメージが見られることである。そこで、次項ではこの点をさらに深めたい。

3.3．コミュニティカフェに集まる意味とは

　ここでは、「協働的コワーキングスペース」と「別世界との接触空間」という場所の意味づけの詳細を明らかにするために、分析を進めてみたい。具体的には、どういった要因が作用すると、「協働的コワーキングスペース」や「別世界との接触空間」といった意味づけが高まるのか、あるいは、どういった人たちにそうした傾向が見られるのか、検討してみたい[33]。

「協働的コワーキングスペース」

　分析の結果、地域イベントに参加した経験が多い人、あるいはボランティアやNPO活動に参加した経験が多い人ほど、コミュニティカフェを「協働的コワーキングスペース」のように意味づける傾向が見られた。つまり、地域内外でさまざまな活動を活発にしている人ほど、コミュニティカフェという場を、活動上の刺激を与え合ったり、コラボレーションが生まれたりする場所として捉える傾向が強いのである。

　近年、とりわけ都市部の「まちづくり」系のコミュニティカフェに見られる傾向であるが、専業主婦を対象とした趣味起業、ビジネス関係の講座やイベントが開催されるケースが増加している。また、コミュニティカフェが、コミュニティ・ビジネスや地域のNPO活動に関心がある人びとの交流拠点や情報交換拠点になるケースも少なくない。

33：「協働的コワーキングスペース」因子および「別世界との接触空間」因子のケースごとの因子得点を割り出したうえで、それらを従属変数とする重回帰分析を行った。詳細に関しては、前掲論文[32]田所(2017)を参照のこと。

たとえば、横浜市港北区大倉山のコミュニティカフェ「街カフェ大倉山ミエル」は、まちづくり、趣味起業、地域活動やコミュニティ・ビジネスに関心のある人たちの人的、情報的なネットワーク拠点として機能している。もともとミエルでは、子育て中の母親を主な対象としたワークショップ「大倉山つながりJAM」を起点として、地域の七夕祭り、ハロウィン、収穫祭など、さまざまなまちづくりイベントが企画・開催されてきた。また、自宅サロンやSOHOなど、地域でスモールビジネスや起業を目指す人のためのワークショップ「つながるサロン」も定期的に開催されている[34]。サロンではフラワーアレンジメント、アロマ、ギャラリー、カメラ撮影など、さまざまな分野の専門家を毎回ゲスト招き、トークイベントを行っている。

　実際、利用者のなかにはミエルのイベント参加や人的ネットワークがきっかけとなって、花文字画教室や飾り巻き寿司教室、ハーブ・アロマテラピーの講師など、趣味起業につながっている人も少なくない。こうした利用者にとって、ミエルは自らの夢を実現するきっかけや刺激を与えてくれる場でもあり、自分の活動やビジネスを展開していくうえでの人的・情報的なリソースの地域拠点ともなっている。

　このように、都市部のコミュニティカフェでは、多様な関心や趣味をもつ人びと、さまざまな職業の人びとが出会い、ビジネスや地域活動の刺激を与え合うという、コワーキングスペース的な意味合いが生まれている。こうした意味づけにおいては、コミュニティカフェという場は、従来のような共同体的な相互扶助を確認しあう場のイメージとは切り離されている。むしろ、大都市部において異なる職種、業種の人びとによる創発的な関係形成の場となっているコワーキングスペースの、「地域活動版」のような位置づけを与えられつつあるといえよう。

「別世界との接触空間」

　「別世界との接触空間」という意味づけに関しては、先行研究でもこれまでほとんど報告されてこなかった。このような意味づけを行っているの

34：田所承己「コミュニティカフェとモビリティ―地域空間における〈つながり〉の変容」長田攻一・田所承己編『〈つながる／つながらない〉の社会学』弘文堂、2014, pp.88-89.

は、主にイベント参加者たちである。さらに重要なことは、カフェから遠方に住んでいる人ほどその傾向が高まるという点である。つまり、遠方から長時間移動して来客するイベント参加者に、こうした意味づけを行う傾向がある。逆に、飲食利用者には、こうした「別世界との接触空間」という意味づけはしないという強い傾向が見られる。これらのデータから、目的意識をもって遠方からイベント参加している人ほど、カフェ空間を「別世界との接触空間」として捉える傾向にあると考えられる。

「別世界との接触空間」という意味づけは、具体的には「ふだん出会えないような多様な人びとに出会える場」、「多様な考え方や価値観に出会うことができる場」、「アイディア、機会、人脈をシェアすることができる場」、「自己実現のために必要な情報や人脈、スキルを得ることができる場」などの受けとめ方からなる。こうした特徴から、現状から別の仕事や経験へ飛躍する際の"ステップ"や"手掛かり"をもたらしてくれる「媒介的な空間」として意義づけられていることが分かる。

たとえば、横浜市都筑区にシェアリーカフェというコミュニティカフェがある。このカフェではイベントが頻繁に開催されており、イベント目的で利用する人が多い。開催されているイベントには、スムージー講座、アロマ講座、ドライフラワー講座、ビーズジュエリー教室など、趣味系の講座や教室が多い。また駐車場を備えているため、遠方から来店する人も多く、都筑区の外部から来る人が45％、都筑区内ではあるがカフェ周辺以外から来る人が34％もいる[35]。つまり、特定の講座を目的に、遠方からわざわざ長時間移動して、コミュニティカフェという場に参加する利用客が少なくないということである。

筆者が行った利用者インタビューによると[36]、多くの利用者がこうしたイベント参加を通じて、日常とは異なる世界を体験している様子がうかがえた。たとえば、ふだんは中学校教師をしているある利用者（女性・40代）は、「コミュニティカフェでさまざまな講座に参加することは、普段の自分の仕事とは全く異なる世界が体験できて、とても刺激がある」と述べている。また、別の複数の利用者（ともに女性・30代）は、以前は専業

---

[35]：筆者が2015年に横浜市で実施した前掲[24]の質問紙調査による。
[36]：2015年3月に横浜市内のコミュニティカフェ3箇所の利用者10名を対象に実施。面接時間はそれぞれ1時間〜2時間程度。

主婦や会社勤務だったが、コミュニティカフェで開催される講座やワークショップに参加することで、自分の周りにはいないタイプの人たちや世界に触れることができ、それがきっかけとなって、後に趣味起業やスモールビジネスの展開につながる土台ができたと語っている。

こうした日常とは異なる別世界を体験できるのは、わざわざイベントに参加しなくても可能である。すでに第2節で述べたように、4割を超えるコミュニティカフェ利用者がカフェ内部に置かれた地域イベントなどに関する各種のチラシを頻繁に閲覧している。それは、文化芸術イベントから、スキルアップ講座、料理教室やものづくり系の教室のものまで多彩である。実際、筆者はさまざまなコミュニティカフェでこうしたチラシコーナーに佇む利用者を何度も観察してきた。

こうしたチラシコーナーは、それ自体、"チラシ"というメディアを介して「別世界」を垣間見せてくれる場となっている。それは、たとえば自宅と買物先や勤め先の往復ルートではなかなか触れることのできないような世界を、マスメディアとは異なり"リアル"な手触りで感知させてくれるのである。

4・媒介的な空間として

本章では、近年、コミュニティカフェをはじめ、ショッピングモール、公共広場など、さまざまなパブリックな場所、セミパブリックな場所に人びとが集まるようになっている現象を、主にコミュニティカフェの分析を手掛かりに探ってきた。一般的には、場所に集まって交流することは、コミュニティ形成の手段と見なされがちである。しかし本章では、必ずしも人びとは誰かと知り合ったり、相互扶助的な関係を作るために、場所に集まるわけではないことを確認した。

そのうえで、これまでの研究ではあまり指摘されてこなかった側面が明らかになった。それは、「別世界との接触空間」と「協働的コワーキングスペース」とでも呼べるような場所観が見られることであった。一方で、少なからぬ人びとは、いまの境遇から別の新たな経験や仕事へと飛躍する志向があるとき、その「媒介的な空間」として場所を意義づける傾向があ

る。それは、自分の日常的な環境では出会うことのないような世界に接触できる空間ということである。

　他方で、コミュニティカフェを、異なる職種や業種、あるいは新しいアイディアや情報に出会って刺激を受けたり、コラボレーションに発展したりする場として受けとめる傾向も見られた。こうした場所観とは、次の第7章で扱うコワーキングスペースの性格ともかなり重なるものである。第7章では、創造性やイノベーションを生み出す、場所を触媒とした身体的共在に焦点を当て、議論をさらに深めていきたい。

:::: 第 **7** 章 ::::

境界を越えるつながり
——コワーキングスペースとアートまちづくり——

1・はじめに—場所で出会うこと

1.1. コワーキングスペース「マスマス」

　横浜赤レンガ倉庫の近くにコワーキングスペース「マスマス」がある。JR関内駅から歩いて10分ほどの場所にあり、周囲には東京芸大や日本郵船歴史博物館などの文化的スポットが充実している。また、神奈川県庁や横浜第二合同庁舎なども近くにあり、ビジネスにも便利なエリアである。

　「マスマス」は、コワーキングスペースとシェアオフィスが一体となったワークプレイスである[1]（図7-1）。コワーキングスペースは座席数約50席と、かなりゆとりのある空間であり、会員になるとフリーアドレスの座席を365日24時間利用できる。もちろん一時的な利用（ドロップイン）も可能である。2階はシェアオフィススペースとなっており、2～6人収容

図7-1　シェアオフィス・コワーキングスペース「マスマス」のフロアマップ

出典）http://massmass.jp/about/

---

[1]：マスマスに関する記述は以下のWebサイトを参考にしている。「mass×mass関内フューチャーセンター」http://massmass.jp/

の専用スペースが25室ある。

　また、マスマスのエントランスを入ったところには、最大50人収容のワークショップスタジオがある。ここでは、ビジネス関連のワークショップや映画の上映会、さらにはカクテルパーティやトークイベントなど多彩なイベントが開催可能となっている。

　コワーキングスペース会員の職種はさまざまであり、起業家、ITスタートアップ、デザイナー、Webエンジニア、カメラマン、コピーライター、公認会計士、社労士、建築家、家具職人、NPO職員など多岐にわたる。大阪に本社があるEC関連企業のサテライトオフィスとして、あるいはスタートアップ企業の初期オフィスとして、さらには個人事業者のホームベースとしてなど、さまざまに利用されている。

　利用者にとって、コワーキングスペースの魅力のひとつは、他の利用者との出会いや交流にある。とりわけ、起業家や個人事業者にとっては、ビジネス上の「つながりづくり」は新たなプロジェクトや新しい企画に結びつくため貴重なものとなっている。たとえば、ある利用者はインタビューで次のように語っている。

> 　ここのいいところは、自分がやっていること・やりたいことと関連性が深い人に出会える確率が高いところですね。入居仲間やマスマスのスタッフさん、SB講座[2]の仲間からも人の紹介が広がって、今もすでに大倉山、黄金町の方々や、横浜市芸術文化振興財団さんとも一緒にプロジェクトを行う話を進めています[3]。

　またマスマスでは、起業家やプロジェクト・リーダーを育成・支援する講座を毎月開催している。さらに、他のコワーキングスペースとのつながりを生かした多彩なイベントも定期的に開催される。利用者のインタビューによると、こうしたイベント参加や日常的なスペース利用を通じて、ふだん出会えないような人と出会い、視野を広げていくことが可能となっているという。

2：マスマスが開講しているソーシャルビジネス・スタートアップ講座を指す。
3：「mass×mass User Voice -3- ～仲間・コミュニティを築く場として～」2014年10月23日, http://massmass.jp/project/user_voice_3/

1.2. 場所で出会うこと

コワーキングスペースでは、通常の仕事空間やつきあいのなかではなかなか出会うことのないような人や情報とめぐり合うことが可能となる。そして、そうしためぐり合いは「場所づくり」によって可能となる。近年では、まちづくりのなかでこうした仕掛けが注目されている。

その典型がコワーキングスペースであり、第1章冒頭で取り上げた神山町のようなまちづくりである。それらの取り組みでは、さまざまな職種や業種のビジネスパーソン、あるいは専門の異なるクリエイター同士が集うよう、時間をかけて「場所づくり」が行われている。こうした実践では、異なる分野や集団の境界を越えた情報やアイディアの"橋渡し"を可能にする役割を、「場所」が担い始めているといえるだろう。

第2章でも言及したように、地理的な移動が増え、メディアを介した想像上の移動や距離を隔てたコミュニケーションが支配的になるなかで、逆に「場所」を"触媒"とした身体的な「共在」が思いもよらない出会いや、アイディアの相互触発の機会を生み出している。このような機会の創出を、再帰的に図っていく取り組みが、まちづくりのなかで始まっているのである。

本章では、「場所づくり」の取り組みの意義を、コワーキングスペースとアートまちづくりの実践に関する考察を通して検討してみたい。

2. コワーキングスペースと「場所」

2.1. コワーキングスペースの概要
コワーキングスペースとは

近年、欧米を中心に世界各国でコワーキングスペースが増加している。その数は世界全体では7,800件以上[4]、国内でも400件以上になる[5]。コワーキングとは「働く個人がある場に集い、コミュニケーションを通じて情報や知恵を共有し、状況に応じて協同しながら価値を創出していく働き方」を

---

[4]：2015年現在。http://www.becowo.com/infographie-becowo-coworking/
[5]：たとえば、コワーキングスペースの検索サイト「ココポ」掲載の件数は437件（2016年5月現在）。http://co-co-po.com/

図7-2 Citizen Space

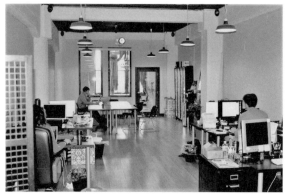

出典）The Citizen Space by Erik (Hash) Hersman (Flickrより)

意味する[6]。コワーキングスペースとは、コワーキングが実践される共有のワークスペースを指す。

現存するコワーキングスペースとしては世界初であるとされる「シチズン・スペース」がサンフランシスコに誕生したのは、2006年のことであった（図7-2）。「コワーキング」のコンセプトはアメリカ国内の大都市で広がり、その後、ヨーロッパにも広がっていった。日本でも2010年に最初のコワーキングスペース「カフーツ」が神戸に誕生、同じ頃、東京にも「パックス・コワーキング」が誕生した。

2014年に全国190スペースに対して実施された質問紙調査[7]の結果によると、コワーキングスペースの規模や運営形態はさまざまである。座席数に関しては、最小で4席、最大で150席と幅があり、平均で36席程度となっている。また、コワーキングスペース全体の7割が、IT系やクリエイティブ・デザイン系などの事業運営を行う企業の副業として運営されている。

主要な利用者の業種は、クリエーター・デザイナー系、IT系、文筆・ライター系、ものづくり系、営業・マーケティング系、まちづくり系などである。また、利用者属性としては、フリーランスの他は会社員などの組織人が多くなっており、学生や主婦の利用は少ない。年齢的には30代、40

6：宇田忠司「コワーキングの概念規定と理論的展望」『經濟學研究』63(1), 201, pp.115-125.
7：阿部智和・宇田忠司・平本健太「コワーキングスペースの実態調査—2014年度調査の概要報告」『地域経済経営ネットワーク研究センター年報』4, 2015, pp.89-113.

代、20代が中心となっている。

　先に紹介した横浜のコワーキングスペース「マスマス」でもそうであったが、スペースでは何らかのイベントが開催されることが多い。先の調査によると、1ヶ月平均で5.5回、3.5ジャンルのイベントが開催されている。1週間に1回程度のペースでイベントが催されていることになる。イベントの主要な開催目的は、スペース内外の相互交流の促進とされることが多い。

コワーキングスペース増加の背景（1）

　わが国でコワーキングスペースが増加してきた背景には大きく分けて、相互に密接に関連する2つの要因がある。ひとつは、フリーエージェント社会の到来、すなわち個人事業主や小規模事業者の増加である。もうひとつは、知識社会の到来を背景とした脱組織的なイノベーションに対する期待の高まりである。

　「テレワーク」という考え方が登場してきたのは、情報通信技術が発達してきた1990年代であった。サテライトオフィスやホームオフィスなど、社員を分散させて仕事をさせる発想が生まれてきたのである。場所を選ばない働き方は、2000年前後から次第に本格的に普及し始めた。世界的には、欧州を中心に勤務時間と勤務場所の脱標準化が進み、完全就業から部分就業へと就業形態が変わりつつあったが[8]、米国や日本では個人事業主の増加がこの時期より顕著になってきた。とりわけインターネットの普及は自宅や個人事務所での勤務環境を飛躍的に改善し、パソコンひとつで仕事ができる状況を生み出していった。

　この時期は非典型労働者、いわゆる非正規雇用や派遣社員などが次第に増加しつつあったが、同時に企業はコスト削減のためにさまざまな業務を組織外へとアウトソーシングする機会を増やしていった。そのため、個人事業主や小規模事業者が業務を受注しながら経営を成り立たせる条件が整っていく。

　こうしたなか、個人事業主や小規模事業者が借りるオフィスに対する需要も高まり、SOHO（small office home office）という言葉が注目された。

8：ウルリッヒ・ベック／東廉・伊藤美登里訳『危険社会―新しい近代への道』法政大学出版局, 1998.

同時に、空きオフィスの有効活用策として「レンタルオフィス」や「シェアオフィス」が増加していった。ただし、これらのオフィス形態は、単に互いに独立した事業者が空間的に集合したにすぎず、異業種間の交流やコラボレーションを引き起こすことはなかった[9]。

コワーキングスペース増加の背景（2）

　他方で、2000年以降、オープンイノベーションのコンセプトが世界中で普及しつつある。背景には、顧客ニーズの多様化、製品ライフサイクルの短縮化、グローバル化による競争構造の変化などが要因となり、モノづくりに対する要求レベルが高まって競争が激化していることがある。各企業は自社内のリソースだけでは、短期的なイノベーションを遂げることができなくなり、必然的に組織外のさまざまな個人や企業とのコラボレーションへと向かいつつある[10]。要するに、組織内部に閉じた既存のビジネスモデルが行き詰まっているのだ。

　こうした背景のなか、組織横断的なコラボレーションやイノベーションを生み出す実験的な取り組みが模索されてきた。2003年に完成した大規模再開発のランドマークとされる丸の内ビルディングや六本木ヒルズには、それぞれ会員制のビジネスクラブが誕生、起業家や個人事業主が集まるコミュニティの先駆けとして注目された。その一方で、同じ年には、中古ビルをリノベーションして、クリエイター向けのシェアオフィスとして有効活用するビジネスモデルが六本木に初めて誕生した。クリエイターたちが空間的に共在することによる、創造的なコラボレーションが期待されたのである[11]。

　他方で、働く場であるオフィスに対する考え方も変化しつつあった。インターネットやモバイル端末の発達によって「場所を選ばない働き方」が可能になっている時代に、一箇所に集って働くことの意義が問い直され始めたのである。それまでの個人作業の集積というオフィス概念から、集団作業を通じたアイディアの創出が重視されるコンセプトへのシフトが生じ

9：佐谷恭・中谷健一・藤木穣『つながりの仕事術—「コワーキング」を始めよう』洋泉社，2012, p.25.
10：星野達也『オープン・イノベーションの教科書』ダイヤモンド社，2015, p.37.
11：金丸利文・齋藤敦子「異分野・異文化の『個』がつながる共創の場　クリエイティブ・ラウンジ・モヴ」『日本テレワーク学会誌』13(2), 2015, p.18.

た。その結果、たとえば知識創造を誘発するようなオフィス空間のデザインに関する研究が進み、「クリエイティブ・オフィス」などのコンセプトが提唱された[12]。

以上のように、フリーエージェント社会の到来と、ワーキングスペースを媒介とした脱組織的なイノベーションに対する期待の高まりを背景として、コワーキングスペースに対する需要が現在高まっているのである。以下では、コワーキングスペースにおける「場所」を介した相互作用が実際にどのように行われ、どのような影響を及ぼしているのか、より詳細に検討してみたい。

2.2. コワーキングスペースにおける相互作用の実際

ここでは、コワーキングスペースという場で生じている実際の相互作用を捉えるために、これまでわが国のコワーキングスペース研究において行われてきた質問紙調査やインタビュー調査の結果を読み込みながら、それを再解釈することによって議論を深めていきたい。

理念としての多様性の確保

先に述べたように、コワーキングスペースはもともと異なる分野、職種の人たちが空間共有をすることで、これまでの組織内コミュニケーションでは生まれないようなイノベーションやアイディアの創発を促すことを大きな意義や目的としている。実際、これまでの実証的な研究においても、こうした「多様性の確保」を理念とする傾向が高いことが確認されている。

たとえば、東京区部、名古屋、地方都市に所在するコワーキングスペース計11箇所のスタッフを対象としたインタビュー調査によると、利用者を職種や業種などの属性によって限定したスペースはない。むしろ、どのスペースでも多種多様な属性をもつ利用者の来客が望まれている。そのことによって、通常の交流からは生まれないような新しいコラボレーションや、つながりが創出されることが期待されている[13]。実際、ある運営者はイン

---

[12]: 阿部智和「オフィス空間のデザイン研究のレビュー――知的創造性に着目したオフィス空間のデザインをめぐって」『地域経済経営ネットワーク研究センター年報』3, 2014, p.88.
[13]: 埴淵知哉「都市における「共働空間」の現状と可能性」名古屋まちづくり公社・名古屋都市センター, 2014, p.30.

タビューで次のように語っている。

> ジャンルを問わず、いろいろな方がいる。様々なジャンルの人たちが交わることによって新しいムーブメントが起きる、という考え方がもともとあるので、いろいろなジャンルの人たちに来てほしいという思いがある[14]。

　要するに、イノベーションやこれまでにないアイディアを創造していくためには、多様性の確保が必要だということである。そのために、同質化を避け、絶えず異なる価値観や文化をもつ人が共在するような環境づくりを行っていく。そして、つねに新鮮な情報や人が入ってくる状況をつくっていくことが意識されている[15]。

コミュニティづくりのための仕掛け

　コワーキングスペースでは、さまざまな手法でコミュニティづくりに取り組んでいる。コミュニティ活性化の鍵は、利用者の間でいかに交流が高まるか、コミュニケーションが活発になるかである。

　運営者が利用者間のコミュニケーションを促進するために取り組んでいるのは、空間的デザイン、利用者に対する直接的な働きかけ、スペース内のイベントやセミナーの開催、各種のコミュニケーション・ツールの活用などである。以下では、近年の研究成果を参考に、こうした活動の実態を概観してみたい。

　経営学者の宇田忠司は、働く場を「開放度」と「近接度」の観点から整理している（図7-3）。それによると、コワーキングスペースで働く場合、他者のワークスペースとの物理的距離は企業オフィスよりも遠くなるとされている[16]。コワーキングスペースでは、企業オフィスとは異なり、座席は固定制ではないし、飛び込みのドロップイン利用者も少なくないからだ。また、利用用途に応じて、ミーティングスペース、ラウンジ、個人専有スペースなどに分かれていることも多い。

14：前掲書[13]**埴淵**(2014), p.39.
15：前掲論文[11]**金丸・齋藤**(2015), p.19.
16：**宇田忠司**「コワーキングの概念規定と理論的展望」『經濟學研究』63(1), 2013, pp.115-125.

図7-3 近接度と開放度からみた働く場の位置づけ

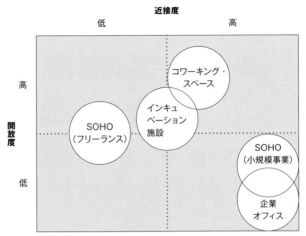

出典）宇田忠司「コワーキングの概念規定と理論的展望」『經濟學研究』63(1)、2013、p.119

　しかし、多くのスペースでは、空間的なデザインを工夫することで、コミュニケーションを誘発する仕掛けを施している。たとえば、あえて一人分のワークスペースを小さくして、他の利用者との距離感を近くする工夫が各所で見られる。また、他者との視線の交わりやすい座席配置を取り入れたり、座席間の通路を広くして本棚やキッチンスペースへ向かう動線をうまく組み合わせたりすることで、コミュニケーションを誘発するような取り組みも見られる[17]。さらに、コミュニケーションの前提となる情報共有を促すために、利用者の名刺を掲示する「名刺ボード」の設置、専門書の貸し出し、企画展示ができる展示壁の設置なども行われている[18]。

　こうした物理的な空間デザインに加えて、運営者自身による直接的な働きかけも活発に行われている。しかも、コミュニティ形成を重視している運営者ほどその傾向が高まる[19]。

　実際、全国のコワーキングスペースの7割では、利用者の相互交流を促

---

[17]：小林鋼平・三輪康一・栗山尚子「シェア空間のコミュニティ形成に関する研究―coworkingスペースの運営方法と空間構成に着目して」『日本建築学会近畿支部研究報告集. 計画系』52、2012、pp.501-504／徐華・西出和彦「都心にあるコワーキングスペースにおける交流行動」『日本建築学会大会学術講演梗概集』2014（建築計画）、2014、pp.823-824。
[18]：前掲論文[17]小林・三輪・栗山(2012)、pp.504。
[19]：阿部智和・宇田忠司「コワーキングスペースの様態―国内施設に関する相関分析」『經濟學研究』65(1)、2015、pp.97-135。

進するために、運営者自身が積極的に働きかけている[20]。たとえば、新規会員を他の利用者に紹介したり、仕事上のつながりがありそうな利用者同士の交流のきっかけを作ったりするなど、さまざまな契機にこうした働きかけは行われている。

　その中でも、具体的な活動として運営側が最も力を入れているのは、イベントやセミナーの開催である。たとえば、起業家セミナーやライフスタイル講座、ソーシャルビジネス講座など、スペースによってさまざまなイベントが開催されている。

　全国調査によると、運営者の7割が「イベントは利用者の相互交流を促進する」と見ているし、運営者の8割は「イベントはスペース利用者と外部の人びととの交流を促す」と見ている[21]。また、コミュニティ形成を重視している運営者ほど、イベントを重要であると考え、イベントが利用者間の相互交流を促すと見ている[22]。実際、東京、名古屋、地方都市で実施されたアンケート調査によると、利用者全体の約3分の2がイベントやセミナーに参加しており、頻繁に利用されている状況である[23]。

2.3. 利用者にとってのコミュニティ

　このようなコミュニケーションの意義は、利用者にも強く意識されている。利用者インタビューから分かるのは、利用者にとってのコワーキングスペースの意義が、単なる仕事の効率的遂行にあるのではなく、むしろそこでの「コミュニティの存在」にあるということである。そして、他の利用者との交流やコミュニケーションが、仕事上のコラボレーションに結びつくとも捉えられている[24]。利用者が利用目的の第一に挙げるのも「他の利用者とのコミュニケーション」である。

　しかし、利用目的が「コミュニティ」にあったとしても、実際にそこで交流が生まれているのだろうか。シェアオフィスのような単なる「スペース貸し」的な機能から脱しているのだろうか。

　この点、スペースによる違いはあるが、多くの調査で利用者が互いに積

20：前掲論文[7]**阿部・宇田・平本**(2015), pp.104-105.
21：前掲論文[7]**阿部・宇田・平本**(2015), pp.97-98.
22：前掲論文[19]**阿部・宇田**(2015), p.111.
23：前掲書[13]**埴淵**(2014), p.59.
24：前掲書[13]**埴淵**(2014), p.68.

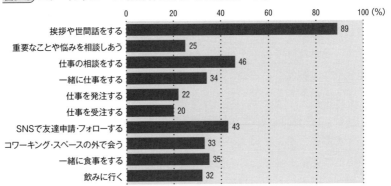

図7-4 コワーキングスペースで知り合った人との交流形式(n=93)

出典）埴淵知哉『都市における「共働空間」の現状と可能性』名古屋まちづくり公社・名古屋都市センター，2014，p.57．

極的なコミュニケーションを行っていることが確認されている[25]。ある調査によると、およそ3割の人が当該スペース内で5〜9人の知り合いを作っており、10人以上の知り合いがいるというケースも3割以上みられる。また、過去1ヶ月間に新たな知り合いを作った人も8割にも上り、知り合いの新陳代謝も進んでいる。

その知り合いとの間では、挨拶にとどまらず、仕事の相談、一緒に食事をする、一緒に仕事をするなど、交流形式にもさまざまな広がりが見られる（図7-4）。さらに、コワーキングスペースで気に入っているポイントとして、利用者の64％は「他の利用者との会話やコミュニケーション」を挙げている。これは「オーナーやスタッフの対応」（66％）に次いで多い[26]。

多様性の意義

このように、コワーキングスペースにおけるコミュニティづくりは積極的に取り組まれており、実際に利用者間のコミュニケーションや交流は活発に行われていることが分かる。しかし、コミュニケーションの促進は、多様な人と交流するための"前提"にすぎない。しかも、いくつかの研究

25：たとえば前掲論文[17]**小林・三輪・栗山**(2012), p.502.
26：前掲書[13]**埴淵**(2014), pp.55-58.

では、コミュニケーションが生じやすい要件として、共通性のみならず多様性を挙げている[27]。利用者同士の職種が似ているとか、仕事上の関心が近いなど、共通のコンテクストをもっていることは、交流を高める条件となるが、それだけでは不十分だという。それにプラスして、利用者の「多様性」や「流動性」こそが、利用者間の積極的なコミュニケーションを後押しする要件となることが明らかになりつつあるのだ。

さらに、「多様性」はそれ自体、さまざまなプラスの影響をもたらしている。実際に、インタビュー調査でも「自分とは異なる業種・職種の専門家がいることによって、その分野の助言等がすぐに得られること、また、普段聞けないような話や評価を得られることで、自身の仕事の位置づけや価値を見直すきっかけになったという意見が非常に多い」[28]と述べられている。このように異なる業種、職種間の出会いや相互作用が仕事に有益な刺激を与えたり、アイディアを介したコラボレーションを生み出したりする点は利用者の間でも強く意識されている。

運営サイドにおいても、コミュニティづくりにとどまらず、「多様性」や「流動性」を高める取り組みがさまざまに試みられている。たとえば、先述したように、外部の人が参加可能なイベントを開催することは、内部利用者間のみならず、利用者以外の人たちとの交流も促進することが認識されている。イベント開催はスペースに開放性をもたらし、新しい人がスペースに参加する可能性を広げる[29]。また新しい情報がもたらされる条件ともなる。つまり、人材や情報の流動性＝新陳代謝を促すことに貢献しているのである。

たとえば、地理学者の埴淵知哉が実施したヒアリング調査で、ある運営者は次のように述べている。

> 昔、あるイベントを開催したが、それはこの店を訪れることが100％無いような人たちと知り合いたかったから。するとそういう

---

[27]：有元政晃・松本直人・松本裕司・城戸崎和佐・仲隆介「コワーキングに着目したワークプレイスに関する研究（その1）—コワーキングの基礎的実態調査」『日本建築学会大会学術講演梗概集』2012（建築計画），2012，pp.331-332／渡辺修司・松本直人・松本裕司・城戸崎和佐・仲隆介「コワーキングに着目したワークプレイスに関する研究（その2）—コワーキングスペース利用者の場所選択要因に関する考察」『日本建築学会大会学術講演梗概集』2012（建築計画），2012，pp.333-334．
[28]：前掲書[13]埴淵（2014），p.68．
[29]：前掲論文[17]小林・三輪・栗山（2012），p.502．

> 人たちと普段の会員さんともまたわけのわからないつながりができる。そのわけのわからないつながり方をしたときには面白さもあるし、そこには仕事も絡んでくる[30]。

これは、メンバーの入れ替わりを促す取り組みにも通じている。たとえば、新しい会員を他の会員に紹介してネットワークに流動性をもたらしたり、あるいは「運営者と特定の会員が必要以上に親しくしてコミュニティを固定化してしまう弊害」を意識的に回避したりと、さまざまに試みられている[31]。

多様性の困難

しかし実際には、各スペースでは利用者の「多様性」を確保することに苦労しているようである。全国調査によると、スペースによって利用者層にかなりの偏りが出てしまうことが明らかになっている。

特に、フリーランスの人が利用するスペースは、フリーランスの人しか利用しない傾向がある。フリーランスの人たちが、学生、主婦、企業に勤める組織人と交わるケースが少なくなっているのである。とりわけ、企業勤めの組織人が、フリーランスの人と同じスペースを利用するケースが極端に少ない点が留意される[32]。企業人とフリーランスの人が互いの強みを活かす形でコラボレーションする機会は、コワーキングのメリットのひとつとして挙げられることが多い。しかし現実には、こうした出会いはなかなか生まれづらいというところであろうか。

また、「流動性」に関しても大きな壁がある。スペース運営が長くなると、イベント開催を通じて交流促進を図るケースが少なくなってしまう。これは、すでに利用者間でコミュニティが作られているので、新たな人材流入によってコミュニティの形成を図る必要がなくなっているのではないかと推測される[33]。こうした事態は、利用メンバーの固定化を招き、人材やアイディアの流動性と多様性の確保、それを通じた仕事への刺激の喚起

30：前掲書[13]**埴淵**(2014), p.33.
31：前掲書[13]**埴淵**(2014), p.30, p.36.
32：前掲論文[7]**阿部・宇田・平本**(2015), p.124／前掲論文[19]**阿部・宇田**(2015), p.118.
33：前掲論文[19]**阿部・宇田**(2015), pp.110-111.

といった点において、大きなデメリットとなる。

　このように、「多様性」の確保や「流動性」の促進において、大きな困難に直面しているのがコワーキングスペースの現状である。しかし、（運営者ヒアリングでも指摘されているように）利用者の流動性や固定化の問題に関して、運営サイドがコントロールできることは限られている[34]。立地条件などに大きく縛られている状況では、イベント開催内容を工夫してなるべく多くの新規利用者を呼び込み、流動性を促進していくしかない。

　このような状況を鑑みると、さまざまな人にスペースを知ってもらい、多様な人材に関心をもってもらうための「認知度の向上」が鍵となる。実際、運営者に対する全国調査によると、認知度の向上は大きな課題であると認識されている。なぜなら、そもそも当該スペースの存在が潜在的なターゲット層に認識されていないのではないかと見られているからである[35]。さらにいえば、広い意味で認知度を高めるためにその場所固有の「ブランド力」を向上していくことが課題になる。コワーキングスペースを研究する金丸利文・齋藤敦子は次のように指摘する。

> （コミュニティ形成の）ポイントは共創のために多様性を確保しながら、同質化を避けることだ。常に新鮮な情報や人が入ってくる状況にしておかなければならないが、これは計画してできるものではなく（予期せぬ出会いは計画できない）、ブランドづくりが魅力的なコミュニティの形成につながる[36]。

　とりわけ、コワーキングスペースが各地で増加し、スペース間の競争が激しくなるほど、意図的なコントロールを超えた力を発揮する「ブランドづくり」への取り組みが「多様性確保」のための鍵となっていくであろう。そこで次節では、場所の「ブランド化」、あるいは地域イメージ構築という論点に取り組みたい。この論点は、実は第4章で行った議論と関連してくる。つまり、〈場所でつながる〉ために〈場所とつながる〉取り組みが

---

[34]：前掲書[13]埴淵(2014), p.34.
[35]：阿部智和・宇田忠司「コワーキングスペースの実態調査—2014年度調査における自由記述項目の検討」『經濟學研究』65(2), 63-74, 2015, p.71.
[36]：前掲論文[11]金丸・齋藤(2015), p.19.

必要となる、ということであろう。

3・創造的地域づくりと「場所」

3.1. 創造的地域づくりとは
創造都市への関心の高まり

近年、創造都市の取り組みに関心をもつ自治体が増えている。2013年には、創造都市の取り組みを推進する自治体を支援し、国内外の創造都市間の連携・交流を促進するためのプラットフォームとして「創造都市ネットワーク日本」が設立された。現在、北海道から九州まで、10の都道府県を含む77自治体が参加している。

もともと「創造都市」というコンセプトは、1970年代から80年代にかけて脚光を浴びた「世界都市」概念に対するオルタナティブな都市概念として登場した。ニューヨークやロンドン、東京など、肥大化する世界都市は、地価の高騰、業務機能の過集積、社会資本の不足や環境破壊、富裕層と貧困層の経済格差の拡大など、さまざまな問題をはらんでいることが次第に明らかになるにつれ、その政策概念としてのインパクトを次第に失っていった[37]。

こうしたなか、関心を集めているのが、イタリア・ボローニャや金沢などの中規模都市をモデルとする創造都市である。その特徴は、文化と産業における創造性や、脱大量生産型の革新的で柔軟な経済システムにある[38]。創造都市の多くは「地域資源を活かした市民の自由な芸術文化活動、中小零細企業の水平的ネットワークにもとづくインプロビゼーションによって固有の文化・産業を発展させて」いる[39]。

こうした創造都市のコンセプトに関心をもつ自治体はいわゆる「都市」だけではない。先に挙げた「創造都市ネットワーク日本」には、人口約8,000人の北海道東川町も参加している。また、近年では創造都市という

---

[37] 加茂利男「世界都市と創造都市—現代都市の二つのイメージ」佐々木雅幸・総合研究開発機構編『創造都市への展望』学芸出版社, 2007, p.19.
[38] 佐々木雅幸「創造都市論の系譜と日本における展開」前掲書[37]佐々木・総合研究開発機構(2007), p.42.
[39] 萩原雅也「創造的活動のための人的資源と文化資源についての考察—徳島県上勝町・神山町の事例から」『大阪樟蔭女子大学研究紀要』4, 2014, p.112.

考え方を農村にも適用しようとする試みも生まれており、「創造農村」という概念も提起されている[40]。

このように規模のまったく異なる自治体が、同じように創造都市というコンセプトに惹きつけられているのは、それが従来の都市政策とは異なり大規模投資を必要としないからである[41]。また、歴史的建造物や自然景勝地など、所与の観光資源の有無に必ずしも左右されないことも大きい。むしろ最大の資源を人材、ないし人的資源としており、人びとの創造的な活動に地域振興の基盤を置く取り組みなのである。

神山町の取り組みへの注目

こうした、自治体の規模に関わらず創造的な人材を基盤としたまちづくりを「創造的地域づくり」と呼ぶのであれば、このような取り組みで近年注目されているのが、本書冒頭でも紹介した神山町のまちづくりである。もともと神山町は、地域活性化の土台となるような観光資源や豊富な財源があったわけではない。そのため、まず取り組んだのが、アートを中心とした創造的な人材の育成だったのだ。こうした人材中心のまちづくりに成功している点が、必ずしもリソースの豊富ではない全国の各自治体に関心をもたれているゆえんである。

さて、こうした経緯もあって、神山町のまちづくりのポイントとしてこれまで注目されてきたのは、アーティスト・イン・レジデンスの取り組みや、その独特な移住政策などであった。また研究者も、アートが地域活性化に果たす役割や[42]、創造的人材と移住との相関性[43]、神山町における人的ネットワークの形成プロセスなどに関心を向けてきた[44]。

しかし、前節のコワーキングスペースの検討でも明らかになったように、人材を惹きつけるには、その前提として、それぞれの場所や地域のイメージの構築が鍵となる。創造的人材が「コンテンツ」となってさらなる創造的人材を引き寄せるためには、「コンテンツ」としてのイメージづくりが

---

[40]：佐々木雅幸・川井田祥子・萩原雅也編『創造農村―過疎をクリエイティブに生きる戦略』学芸出版社、2014.
[41]：前掲論文[39]萩原(2014), p.113.
[42]：平野真「アートを媒体とした地域共同体の創生―徳島県神山町の事例の示唆するもの」『Venture review』18, 2011, pp.73-77.
[43]：野田邦弘「創造人材の誘致による過疎への挑戦―神山町」前掲書[40]佐々木・川井田・萩原編(2014), pp.188-203.
[44]：前掲論文[39]萩原(2014), pp.111-122.

欠かせない。こうした地域イメージや（第4章で議論した）「地域ブランド」といった観点から創造的まちづくりの取り組みを分析することが、その総体的な理解を深めることにつながると考えられるのである。

したがって以下では、神山町がその地域イメージをつくりあげていく過程で、どのような戦略的な取り組みを行ってきたのか、その点に照準を定めて議論を行っていきたい。

3.2. 神山町のまちづくりとは
神山アーティスト・イン・レジデンスの始まり

徳島市から西へ車で約50分のところにある神山町は、人口約6,000人、高齢化率約49%の典型的な過疎の町である。近年、この小さな町が、町おこしの成功事例として脚光を浴びている。2010年以降、最先端技術をもつIT企業がサテライトオフィスを次々に開設し、クリエイターや職人などが続々と移住してきているのだ。2011年には、過疎の町でありながら転入者数が転出者数を上回り、社会動態人口が増加したことも大きな驚きをもって受けとめられた。

神山町では、NPO法人グリーンバレーが中心になって「創造的過疎」というコンセプトのもとでまちづくりを行っている。創造的過疎とは、人口減少を受け入れたうえで、アーティスト、職人、起業家、ICT技術者のような創造的人材を戦略的に誘致することによって、地域を創造的なものに変えていこうとする考えである[45]。より具体的には、現役世代のクリエイティブな人材を誘致することで人口構成の健全化を図ったり、多様な働き方が可能なビジネスの場としての価値を高めたりして、持続可能な地域を目指すことを意味する[46]。

NPO法人グリーンバレー（旧神山町国際交流協会）を中心とするまちづくりの歴史は四半世紀に及ぶ。もともとは、1991年に、戦前に日米親善の証として贈られた青い目の人形を米国へ里帰りさせる活動が契機となって、まちづくりが始まった。

45：野田邦弘「創造人材の誘致による過疎への挑戦─神山町」前掲書[40]佐々木・川井田・萩原編(2014), p.191.
46：NPO法人グリーンバレー・信時正人『神山プロジェクトという可能性─地方創生、循環の未来について』廣済堂出版, 2016, pp.27-28.

その後、1999年に「神山アーティスト・イン・レジデンス（KAIR）」を開始する。これは国内外のアーティストを神山町に招聘し、約3ヶ月の滞在期間中に芸術作品を制作してもらうプロジェクトである。アーティストの滞在時のアトリエや宿泊施設は無料提供、交通費、生活費、材料費なども支給し、住民とともに芸術作品を制作、最終的に作品は神山町に寄贈されるという仕組みである。

当初は専門家である学芸委員にアーティストの選考を依頼していたが、2年目以降は、原則として地域住民で構成される選考委員会が中心となって行っている。3名の招聘枠に当初は数名程度の応募しかなかったが、知名度の上がった現在では毎年100名以上の応募がある。

ワーク・イン・レジデンスからの展開

2008年には、KAIRのビジネス展開を目指して、情報発信のために「イン神山」というWebサイトが公開された。当初は、KAIRの発展のためにアート関連の記事作成を中心に取り組んだ。ところが、実際の閲覧数が圧倒的に多かったのは、「神山で暮らす」という古民家の空き家情報のページであった（図7-5）。神山に対する移住需要が顕在化してきたわけである。

そこで、地域にとって必要な働き手や起業家を「逆指名」して移住促進する「ワーク・イン・レジデンス」事業を開始した。この事業が可能となったのは、前年の2007年に、グリーンバレーが徳島県から「神山町移住交流支援センター」の運営を委託されたことが大きい。この業務委託によって、本来なら行政しか把握可能でない、移住希望者の夢や職業などの個人情報を活用できるようになったのである。移住希望者は多いが、それに対する空き家件数には限りがある。そのため、リスト上で100人以上の"予約待ち"状況が続いているという[47]。

このワーク・イン・レジデンスで募った起業家たちに、商店街の空き店舗を活用して事業を始めてもらった結果、移住、起業、そして商店街の活性化が同時並行的に推し進められることになった[48]。この取り組みでカフ

---

[47]：「希望者殺到の神山町に見るUターン、Iターンの真実」『週刊ダイヤモンド』2015年3月21日号、p.81．
[48]：高橋成文「徳島県神山町のワーク・イン・レジデンス—創造的な移住支援で町を活性化」『地方行政』10581、2015、p.9．

図7-5 Webサイト「イン神山」(神山で暮らす)

出典）http://www.in-kamiyama.jp/living/

ェ、パン屋、フランス料理店、オーダーメイド靴屋、総菜屋などが開業した。さらに、空き家と入居者とのマッチングを進めるために、「オフィス・イン・神山」という空き家改修事業も始まった。この事業では、2軒つながりの長屋の一角をオフィス兼住居に改築し、クリエイターが滞在しながら仕事ができる場所が作られた[49]。

この「オフィス・イン・神山」事業で完成した「ブルーベアオフィス神山」から、サテライトオフィス設置の動きが生まれる。すでに2004年に、総務省の補助事業で神山町には全域に光ファイバー網が整備済みであった。それが、高速通信網を活用したテレワークのできる地域を探していたIT系企業の需要に応えることになる。2010年、先述した長屋改修事業の縁で、ITベンチャーがサテライトオフィス第1号を開設することになった。

その後、NHKでその様子が全国的に報道されて神山町が注目されることになり、サテライトオフィス開設の流れは一気に加速する。2016年現在、16社がサテライトオフィスを構えている。業種的には、プログラム開発、Webデザイン、グラフィックデザイン、4K8K高画質映像編集など多岐にわたる。さらに、サテライトオフィスをより手軽に開設できるよう、

---

[49]：前掲書[46]NPO法人グリーンバレー・信時(2016), p.35.

2013年にはオープンなシェアオフィス空間「神山バレー・サテライトオフィス・コンプレックス」が開設された。近年では、サテライトオフィスの開設が進むなかで、神山の環境が気に入って定住する社員も次第に現れるようになってきた[50]。

3.3. 神山町のブランド化戦略（1）—アートまちづくりの戦略

神山町がどのようなブランド化戦略に基づいて地域イメージを構築してきたのか、実際のイメージの変遷を追いながら検討したい。具体的には神山町の地域イメージの変化を辿るために、ここでは朝日新聞の記事を素材として、その経年変化を検証する。記事を通じて、神山町のイメージがいつどのように変容したのか把握したうえで、その背景にはどのようなブランド化の戦略があったのか見ていきたい。

表7-1は、朝日新聞記事（1999年1月〜2016年6月）のタイトルと本文テキストを「神山町」で検索した結果から、まちづくりに直接・間接に関わる記事数を分野別に経年集計したものである[51]。記事分類にあたって、まちづくり分野を大きく2つに分けた。ひとつは「芸術文化系」の記事で、小分類として「神山アーティスト・イン・レジデンス（KAIR）」「アート」「伝統文化」を設けた。もうひとつは「移住促進系」の記事で、こちらも小分類として「移住施策」「サテライトオフィス」「起業家支援」「テクノロジー」を設けた。

朝日新聞に1999年1月から2016年6月までの17年半に掲載された「神山町まちづくり」に関わる全記事数は128件であった。そのうち、「芸術文化系」の記事は56件、「移住促進策系」の記事は35件となった。そのいずれにも含まれない記事は37件あり（表7-1には未掲載）、うち「消費者庁の地方移転」関連の記事が21件となる。第1章冒頭でも紹介した通り、2015年末から2016年にかけて神山町は消費者庁地方移転の「試験移転先」に選定された関係上、その関連記事が急増したのである。

すでに述べたように、神山町アーティスト・イン・レジデンス（KAIR）が始まったのは1999年である。しかし、実際にKAIRのことが記

50：前掲論文[48]高橋(2015), pp.9-10.
51：分析対象とする記事を1999年以降としたのは、この年から「神山アーティスト・イン・レジデンス」が開始されたからである。

表7-1 神山町まちづくり関連記事数（分野別）の経年変化（朝日新聞）

	KAIR	アート	伝統文化	芸術文化系（計）	移住政策	サテライトオフィス	起業家支援	テクノロジー	移住促進系（計）
2000	1	1		2					0
2001	1		1	2	1				1
2002		3		3					0
2003	1	6	2	9					0
2004	1	3		4					0
2005				0					0
2006	6	4	2	12					0
2007		3		3					0
2008	2		1	3					0
2009	1	1	1	3					0
2010	1	2		3				1	1
2011	1			1	1				1
2012				0		3			3
2013	1	1		2	1	4		1	6
2014	2	1	1	4		10	1	3	14
2015		1		1		3	2	1	6
2016	1	2	1	4		2	1		3
合計	19	28	9	56	3	22	5	5	35

事になるのは、翌年の2000年からであり、しかもその後も2006年までは年に１件程度にとどまっている。他方で、KAIRに限定せず、芸術文化系の記事全体に目を向けると、2002年（３件）から2003年（９件）にかけて記事数が増加しているのが注目される。さらに2006年にはKAIRの記事だけで６件、芸術文化系の記事全体で12件まで急増している。

こうして記事数の経年変化の面から見ると、2002年〜2003年頃から「アート」のイメージが強まり始め、2006年頃には「アート」や「芸術文化」によるイメージがほぼ確立していると捉えることが可能である。ただし、いくつか疑問がわく。まず、1999年に始まったKAIRに関する記事が増加するのは、なぜ2006年まで待たなければならなかったのだろうか。また、KAIRがほとんどメディア的には話題になっていなかったにもかかわらず、なぜ2002年〜2003年頃にかけて、突然「アート」や「伝統文化」の記事が増加し、神山町のアート的なイメージが強まるようになったのだろうか。

そこで、以下では神山町のNPO法人グリーンバレーのまちづくり戦略と記事内容との関連性を検討しながら、これらの課題について考えてみたい。

アーティスト・イン・レジデンスとは

わが国では1980年代から1990年代初めにかけて、全国各地に美術館が次々と建設された。バブル期の「ハコモノ」行政の典型であり、こうした文化行政においては、実際にアーティストと一般の人びとが交流する機会はほとんど生まれなかった。他方で、海外のアーティスト・イン・レジデンス（以下AIR）の流れを受ける形で、1980年代から1990年代前半にかけて、海外政府主導のAIRが実験的に始められた。

こうしたなか、1993年に東京都日の出町で、翌1994年には茨城県守谷市でAIR事業が始まった。1997年には文化庁が地方自治体のAIR事業の支援を開始したこともあり、当初は自治体主導で進められた[52]。自治体としてはバブル崩壊後の財政難のなか、美術館というハコモノに替わる地域活性化の新たな切り口を模索しており、比較的小規模予算で始められるAIR事業は厳しい財政事情に合致した格好の"呼び水"となると期待されたのである。1999年に神山町がAIR事業を開始したのは、こうした全国的な流れにおいてであった。

もともとAIRとは、アーティスト支援の制度である。しかし、わが国の場合、上記のような背景から、単にアーティストを支援するだけでなく、地域住民とアーティストとの交流や地域振興が初めから期待されることが

52：菅野幸子「日本のアーティスト・イン・レジデンス」『ネットTAM』、2011　http://www.nettam.jp/

少なくない。課題となるのは、その方法論である。

神山町のアーティスト・イン・レジデンスにおける戦略とは

　神山町ではこの事業を地域振興に結びつける道筋を長期的なスパンで描いており、独自の方法論を開発してきた。その戦略は、アーティストの有名性や作品価値に依存した短期的な地域振興ではなく、アーティストの人的ネットワークによる長期的な波及効果に狙いを定めたものである。

　端的にいえば、アーティストとの交流を深めることを通じて「神山町イメージ」を高めることを狙ったのである。神山町のイメージがアーティストの間で高まれば、こうしたクリエイティブなネットワークを通じて、神山町に興味をもつ芸術家が少なからず増加していくであろうという戦略であった。

　具体的には、アーティストの選定やレジデンス管理を外部のコンサルティング会社に丸投げする自治体も少なくないなか、神山町では住民自身が選定過程に関わることにこだわってきた[53]。そのため2年目には、選考委員と学芸員の対立が表面化した。そこには、ある程度評価の定まった芸術家を選定することによって神山町の地域振興に結びつけたい専門家側の目論見と、あくまでもアーティストと住民の交流を重視する戦略をとる神山町側の思惑とのズレがあったのである[54]。

　神山町側としては、「住民と一緒になって制作していく」というコンセプトにいかに合致するか、という選考基準を重視している。つまり、「アーティストの創作活動はもとより、アーティストと住民がともに成長していく、その過程を何よりも大切にしている」のである[55]。

　こうした姿勢は、レジデンス運営においても徹底されている。アーティスト一人につき2〜3人のサポート役をつけるが、このサポート役は、材料の調達や地権者交渉などの制作面を支援する"父親役"と、生活全般にわたる支援を行う"母親役"に分かれている。こうした多元的な支援体制で手厚い世話を焼くのが、KAIRの特徴である。

　実際、こうした戦略の成果は徐々に現れてきた。まず、1999年のKAIR

---

[53]：篠原匡『神山プロジェクト―未来の働き方を実験する』日経BP社、2014、p.183.
[54]：前掲書[46]NPO法人グリーンバレー・信時(2016)、p.74.
[55]：前掲書[53]篠原(2014)、p.182.

のスタート以降、神山町の評判が伝わったことによって移住を希望するアーティストが少しずつ出てくる。さらに、仮にKAIRに選出されなかったとしても、「安価なアトリエがあれば、自費で来ても構わない」という声もアーティストの間であがり始めた。それに対応すべく、宿舎とアトリエのみを無料で提供する部分サポート制度が導入される。後にこの制度は、完全な自費プログラムである「アート・イン・神山」(2007年～)へと進化した[56]。

また、近年では過去にKAIRなどで滞在したアーティストのリピーターも増えている。自費で神山に家族連れで来て、2ヶ月ほど滞在するなど、アーティストの間で神山町に対する評価は確実に定着しつつあるといえよう。

新聞記事にみる神山町イメージ①―「アート」のイメージ

以上のようなグリーンバレーの戦略は、実際に神山町のイメージ形成にも少なからず反映している。KAIRが1999年から始まったにもかかわらず、記事化されても毎年1本程度に過ぎず、メディア上で大きな話題にならなかったのは、神山町が芸術家の有名性に依存する戦略をとらなかったことに起因する。つまり、専門家によって"お墨付き"の与えられた著名なアーティストを招聘することで、話題性を梃子に神山イメージを作り上げるという方法をとらなかったということである。

そうではなく、芸術家ネットワークのなかで「神山ブランド」を時間をかけて醸成する方法を選んだ。そして、それがKAIR開始から数年後に、ようやく実を結び始めたといえよう。

2002年から2003年にかけて、芸術文化系の記事は9件に増えているが、うち4件はKAIRが何らかのきっかけとなって神山町に移住してきた芸術家に関するものである。たとえば、〈神山町の招きで演奏に訪れたシタール奏者が町を気に入って住み始めた〉(2002年9月17日)、〈KAIR参加のため訪れた画家がやはり町の自然や住民の優しさに惹かれて移住してきた〉(2003年5月4日)、〈都会のアトリエに閉じこもっていた画家がKAIRをきっかけに両親の故郷に似た神山町に移住を決めた〉(2003年5

56：前掲書[53]篠原(2014), p.190.

月11日）、などである。こうした記事が生まれたのも、KAIRが時間をかけて芸術家との関係を醸成してきたことが土台となっているのだ。

　これらの記事は、この時期に生じた神山町に対する人びとのイメージ変化を反映していると同時に、記事自体が神山町のイメージを特定の方向へと導いていく役割も担っている。

　実際、2002年〜2003年には、KAIRに直接関連しなくても、人形浄瑠璃などに関する記事（2003年5月1日）、日本画家が描いた街頭紙芝居に関する記事（2003年10月16日）などの、アート関係の記事が増えている。また、〈神山町で長年開催されてきた「いちょうまつり」が新しくダンス上演と組み合わされ、芸術的な色合いを高めている〉という記事（2003年11月25日）からうかがえるように、神山町自体の"芸術的"な変化がメディアに捉えられ、さらにこうして記事化されることで「神山町＝芸術」というイメージ醸成が促進されていく。

　2006年になると、毎年1件程度だったKAIRの記事が6件と急増する。その要因として、この時期には「神山町＝アート」というイメージ形成がある程度成熟段階を迎えていることがある。

　すでに検討したように、2002年頃からKAIRの影響で神山町に移住する芸術家が増加、アーティストのネットワークにおいて「神山町」の評判は広まっていく。しかし記事のなかでは、2000年代前半までは「神山アーティスト・イン・レジデンス」という用語そのものはほとんど使われていない。替わりに「アートで町おこしを目指す同町の招き」や「芸術家を招いて住民との交流を図る町の招き」などの表現が用いられていた。KAIR自体の認知度が低かったためである。

　ところが、芸術家の移住が進み、彼らがさまざまな活動を繰り広げるなかで、「神山町＝アート」のイメージ形成が進む。イメージが定着すると、メディアもそのイメージに依拠した記事づくりがしやすいので、KAIRに関わるさまざまなネタを報道するようになる。同時に、KAIR自体も認知度が高まっていき、次第に「神山アーティスト・イン・レジデンス（KAIR）」という言葉自体が「神山町＝アート」というイメージを集約するシンボルとして流布し始めたといえる。そのため、この時期に急に「KAIR」という用語を被せた記事が増加したのである。

3.4．神山町のブランド化戦略 (2) ―創造都市の戦略

　さて、2008年に、グリーンバレーはWebサイト「イン神山」を開設し、「神山＝アート」イメージの普及をさらに図って、アート事業のビジネス展開を試みた。ところが、圧倒的にアクセス数が多かったのは、アート関連でも観光情報でもなく、「神山で暮らす」という空き家情報だった[57]。

　この時点ですでに「神山＝アート」イメージは十分に普及し、むしろそれによって多くの人が移住を考える段階になっていたということである。つまり、芸術家ネットワークによる「神山＝アート」イメージの拡散は、当初想像していた以上のブランド化の効果を発揮していたといえよう。

　そこで、グリーンバレーは移住支援のアイディアを新たに考える。それが、移住者を逆指名する「ワーク・イン・レジデンス」事業（2008年〜）である。さらに2010年以降は、それが都市部のIT企業などをサテライトオフィスに呼び込む大きな動きに結びついていく。

　ただし、メディア上の神山町イメージという意味では、この「ワーク・イン・レジデンス」自体は地域ブランド化にはほとんどつながっていない。たとえば、2011年の記事では「ワーク・イン・レジデンス」事業による移住第1号となった、パン屋を起業した家族の事例が紹介されている（2011年1月11日）。しかし、その後「移住」そのものに具体的な焦点を当てたり、それを神山町の新たなイメージに集約したりする動きは見られない。

　かといって、「起業」や「起業家」のイメージも、神山町の新たなイメージを束ねる力とはなっていない。2010年には起業家育成のための職業訓練校「神山塾」の開校が紹介され（2010年12月5日）、2015年にはオーダーメイドの靴工房を神山町で起業した職人の例も紹介されている（2015年3月8日）。しかし、これらの「起業」イメージも「職業訓練」や「職人」というイメージと曖昧に交錯しているだけで、「アート」のようにはっきりした焦点を結んでいない。

　ところが、2012年に突如として「サテライトオフィス」の記事が立て続けに掲載される。2013年にはさらに増加して4本、2014年には10本と急増する。そして2015年から2016年にかけては、サテライトオフィスの動きが消費者庁の地方移転先の話題へと結びついていく。つまり、「アート」以

57：前掲書[46]NPO法人グリーンバレー・信時 (2016), p.33／前掲論文[48]高橋 (2015), p.8.

降の新たな神山町のブランド・イメージとして「サテライトオフィス」が構築されていくのである。

では、この「サテライトオフィス」とは、どのようなイメージとして形成されており、そして、どのような取り組みによってそうしたイメージの構築が可能になったのであろうか。

新聞記事にみる神山町イメージ②──「サテライトオフィス」のイメージ

神山町とサテライトオフィスの結びつきのイメージは、一言でいうと"ミスマッチの斬新さ"である。「山奥にいながら、光ファイバー回線による充実したネット環境を享受できる」、あるいは「古民家をオフィスとする最先端のIT企業」という、通常であれば"同居"しないイメージの接合が、その斬新さゆえに関心を呼んでいる。たとえば、それは次のような記事に典型的に現れている。

> 築約80年の民家に昨年9月に入ったウェブデザイン開発「ダンクソフト」（東京都中央区）の社員は、新緑まぶしい庭で仕事をしていた。疲れるとパソコン片手に40メートル先の川で足を浸し、ウグイスや風に耳を澄ます。プロジェクトごとに数人で1週間ほど合宿する。（2012年5月23日　朝日新聞）

もちろん、〈サテライトオフィスの導入の実質的な背景には空き家を活用した移住者逆指名事業「ワーク・イン・レジデンス」があること〉（2012年5月23日）、あるいは〈企業の枠を超えた相互作用によって新しいアイディアが生み出されること〉（2012年6月16日）なども、当初は記事のなかで触れられていた。しかし、新しい「神山町ブランド」は、次第に「過疎の町にサテライトオフィス」という強烈なイメージだけで十分成立するようになっていく。そして2013年以降は、神山町の代名詞として繰り返されていくことになるのだ。

ただし、こうした「サテライトオフィス」のイメージを構築するための土台として、単に光ファイバーケーブルを敷設しただけでなく、「ワーク・イン・レジデンス」事業を中心とするさまざまな戦略的取り組みがあ

ったことは重要である。「神山町＝アート」という地域ブランド形成の土台に、KAIRをめぐる独自の戦略があったように、ここでも「ワーク・イン・レジデンス」事業をめぐる神山町のオリジナルなアイディアと戦略がある。以下ではそれをおさえておきたい。

クリエイティブな人材の戦略的誘致

　近年、少子高齢化や人口減少が進むなかで、さまざまな自治体は移住者を増やすために多様なＩターン・Ｕターン促進施策をとっている。そうしたなか、グリーンバレーでは「創造的過疎」をコンセプトに、移住者の「逆指名」という斬新な方法を開発して実行に移してきた。

　こうした戦略的な方法の背景には、従来型の移住促進施策に対する危機感がある。もともと人口が6,000人足らずで高齢化率約49％の神山町では、雇用そのものが不足している。そこに定年後に田舎でのんびりしたい高齢者を受け入れた場合、高齢化率がさらに上がるばかりか雇用につながらないため、若年層の移住がますます遠のいてしまう。そこであえて「仕事そのものをもってきてくれる外部からの移住者」にターゲットを絞ったのである[58]。

　この「ワーク・イン・レジデンス」と呼ばれる取り組みでは、とりわけ雇用を生み出すような起業家、あるいは商店街の活性化などにつながる働き手や子育て世代を優先的に"逆指名"している[59]。要するに、将来、町に必要になると考えられる働き手の誘致に焦点を絞っているのである。この施策によって、ビストロ、カフェ、パン屋、ピザ屋など、地域の活性化をもたらす人材が続々と移住してきている[60]。

　このような逆指名方式には、社会保障費の負担問題という観点から人口構造をコントロールしていく側面もある。つまり定年退職者だけを受け入れていたら、社会保障費が増えるだけで、少子高齢化は一向に解決しないからだ[61]。さらには商店街の空洞化や雇用不足そのものを、移住施策を通して解決に導くという側面もある。

---

[58]：前掲論文[42]**平野**(2011), p.75.
[59]：こうした逆指名方式はNPO法人であるグリーンバレーだからこそ可能であった方法であり、公平性を優先すべき行政では不可能であった。
[60]：**大南信也**「雇用がないなら、仕事を持っている人を呼べばいい」『中央公論』2015年2月号, pp.61-62.
[61]：前掲書[47](2015), p.81.

しかし、ここで重視したいのは、こうした起業家や職人が次々に神山町に移住し、自然食レストランや個性的なカフェなどができることで、それ自体が町のイメージを高め、クリエイティブな人間をさらに惹きつけていることである[62]。当初、KAIRが神山町のクリエイティブなイメージを高めることによって多くの人を惹きつけたことと同様に、この新しい移住促進案は多彩な人材を神山町に呼び寄せているのだ。

グリーンバレーでは、「人」をコンテンツとしたクリエイティブな田舎づくりを「ビジョン」として掲げている。この場合の「人」とは、クリエイティブな人材を意味する。それは、アーティスト、職人、起業家、ICT技術者といった広義の創造的人材のことである[63]。こうした人材を"コンテンツ"とし、創造的な人材が豊富にまちにいることが神山町の「場所」としてのブランド・イメージを高めることにつながっている。そして、それがさらなる移住希望者を惹きつける要因になる。こうした循環を生み出すために、創造的人材が「コンテンツ」として位置づけられているのである。

このように、コンテンツとしての創造的人材の集積こそが、都市部の最先端のIT企業を引き寄せることにつながった。新しい働き方を模索していたこれらの企業にとって、起業家などの移住者が集まって実験的にまちづくりを行っている神山町は非常に魅力的に映ったのである。この点に関して、NPO法人グリーンバレーの大南氏は次のように語っている。

> 町が補助金、支援金を出さずとも、こういう人たち（サテライトオフィスを設置するIT企業）が今、集まって来ています。なぜかといったら、寺田社長もプラットイーズの隅田徹会長も、イノベーションを起こしたいんやと思います。そして彼らは知っとるわけです。イノベーションはお金では起こせない。優遇策では起こせない。イノベーションには、場が必要ということを。だからその場を求めて、神山に来られているんじゃないかなと思います[64]。

62：磯山友幸「人集めに成功した神山町「成長」に向けた第2ステージへ」『Wedge』2015年11月号、p.74.
63：野田邦弘「創造人材の誘致による過疎への挑戦―神山町」前掲書[40]佐々木・川井田・萩原編（2014）、p.191.
64：前掲書[46]NPO法人グリーンバレー・信時（2016）、p.37.

ここでいう「場」こそが、創造的人材の集積した場所に他ならない。こうした場所においてこそ、その参加者同士が相互に刺激し合ってイノベーションが誘発されていくのである。だからこそ、少なからぬ企業がサテライトオフィスを設置しているのであろう。

4・〈場所でつながる〉ために〈場所とつながる〉

　本章では、さまざまなまちづくりのなかで、「場所」を触媒とした創発的な出会いや情報交換が生じている局面に注目してきた。モビリティが高まりつつある現代社会では、こうした「場所」の特性は注目される。というのも、地理的な移動が増え、メディアを介した想像的な移動や距離を隔てたコミュニケーションが支配的になるなかで、実際には「予想もしないような出会い」や「多様性や流動性に基づく情報交換」といったものが生じにくくなっているからである。つまり、"ノイズ"が生じにくい情報環境が広がるなかで、「場所」こそが、そうした"セレンディピティ"をもたらす数少ないチャンスになりつつあるのだ。

　さらに、こうした"セレンディピティ"が生ずるためには、その前提として「多様性」や「流動性」の確保が重要となるが、それは再帰的な「場所づくり」によるコントロールを越えた問題であることが本章で明らかになった。こうした意図的なコントロールを越えた力を発揮するのが、場所の「ブランド化」である。場所に「ブランド」としての力があって、初めて多種多様な人材を引き寄せることが可能となるからだ。こうした取り組みについて、創造的地域づくりのひとつである神山町の事例を通して考察してきた。

　この場所のブランド化というポイントは、第4章の議論とつながる。つまり、〈場所でつながる〉ためには〈場所とつながる〉方法が必要であることが明らかになったといえよう。その意味では、両者は相互媒介的な関係を形成しているのである。

第8章
媒介的空間と創造都市

1・はじめに―まだ残る疑問

　第2章では、「場所」の新しい意義を提起した。そのひとつが、地理的な移動が増え、メディア的なコミュニケーションが支配的になるなか、逆に「場所」を"触媒"とした身体的な共在がある種の「つながり」を生み出しているのではないかということであった。

　このセクションでは、それを「コミュニティの再生」や「相互扶助関係の形成」といった、ステレオタイプな従来型の「人間関係論」の視点で回収してしまうのではなく、より柔軟な視点で検討を行ってきた。その結果、主に2つのポイントが確認された。

　コミュニティカフェの分析（第6章）から、人びとがパブリックプレイスに集まる意義のひとつに「別世界との接触」への志向性があることが明らかになった。人は、いまの境遇から新たな経験や仕事へ、あるいは別の世界へと飛躍する志向があるとき、パブリックな「場所」を「媒介的な空間」として意義づける傾向がある。

　では、こうした経験は、より一般的にはどのように捉えることができるのだろうか。それは、コミュニティカフェのような場に特有の経験なのか、それとも都市的な経験全般にも見出せるものなのだろうか。また、なぜこうした経験が現代社会で必要とされているのだろうか。本章では、こうした点に関して考察を深めたい。

　他方で、コワーキングスペースや創造的地域づくりの議論（第7章）から、「場所」が一種の"セレンディピティ"をもたらす希少な契機として位置づけられることが確認された。つまり、通常の仕事環境や生活環境では遭遇することが難しくなりつつある創発的な出会いや情報交換が、「場所」を触媒として生じることが認識されるようになっており、それがさまざまなまちづくりの取り組みに導入されていることが明らかになった。

しかし、なぜ「場所」がこうした創発の"触媒"になるのだろうか。なぜ身体的な共在が必要とされるのだろうか。さらに、場所が多様な人材や情報を引きつけるうえで、(第7章で明らかになったような)「場所のブランド化」はどのような役割を担っているのだろうか。こうした点について、本章では検討を加えたい。

2・別世界との接触とは何か

本節では、「別世界との接触」について議論を行う。まず「別世界との接触」という体験を、日常的な都市経験として一般化するために、コンビニや書店といった馴染みのある場所の振る舞いについて検討してみよう。

2.1. 都市空間における別世界との接触
「情報収集」という都市の振る舞い

社会学者の藤本憲一は、コンビニに集う人びとの行動をフィールドワークしている。地縁のコミュニケーションとは異なり、コンビニのような都市的なコミュニティでは、互いに見知らぬ「異人＝ストレンジャー」同士が匿名的に集っている。そこでは、そもそも「出会い」や「濃厚なつながり」が発生する余地はほとんどない。商店街のように、店主となじみ客とのやりとりはなく、「毎日来店していながら、いつでも初対面」のような他人行儀な接し方が望まれている。

にもかかわらず、なぜ人びとはコンビニに集うのであろうか。実は「目と目を直視して、一対一で正面から対話する」コミュニケーションが苦手になりつつある現代人にとって、コンビニ空間は、逃げ場のない「対話原理」から「斜めの関係」へと逃してくれる場でもある。ささやかな視線の交通が生み出す「社交性」は、私たち現代人にとってはちょうど良い"触れ合い"である。

つまり、コンビニとは「人見知りの他者（異人）どうしが出会い、視線を交わすことなく社交するための翻訳装置である」[1]。そこでは人びとは、

1：藤本憲一「コンビニ―人見知りどうしが集う給水所」近森高明・工藤保則編『無印都市の社会学―どこにでもある日常空間をフィールドワークする』法律文化社、2013、p.43.

少し距離をおいて"安全地帯"から人間を観察している。その振る舞いには、対象に深く関わることなく「通覧」することによって"社会らしきもの"に触れたい、という欲求が表現されているのかもしれない。

また、コンビニに立ち寄ると、買う買わないは別にして、最近の売れ筋商品や新規商品の動向をチェックするだけで、社会の動きをささやかに感じ取ることができる。毎日、決まった通勤経路を通って〈自宅－駅－会社〉を往復する私たちにとって、途中にあるコンビニはその外側にある世界をリアルに感じさせてくれる数少ない機会となっている。リアルなモノの配列を通した日常的な「情報収集行動」は、モノの背後にある"社会らしきもの"を微かに感受させてくれるからだ。

スクロールするまなざし

このように、都市空間が「情報行動」の場として経験される機会は他にもある。たとえば、都心部の大規模な書店に「座り読みコーナー」や喫茶室、試読スペースが設置されるケースが増えている。社会学者の菊池哲彦はこうした動きを「書店の情報空間化」と捉える。

かつて書店は「意味の空間」として位置づけられていた。戦後の読書の大衆化とともに、人びとは書物を通して「教養」を獲得した。1970年代〜1980年代になると、書物はサブカルチャーを享受する手段となった。いずれにしても、書物は何らかの共有された意味が込められたモノとして求められ、書店は「意味の空間」として機能していた。

ところが、ツタヤやブックオフのような郊外型複合書店の登場は、書店を「情報空間」へと変質させた（図8-1）。そこでは書物は、映像・音楽ソフト、ゲームソフト、雑貨などと横並びに配列され、読み終わったらすぐにリサイクルするよう呼びかけられている。書物は、もはや所有しながら中身を吸収して教養やサブカルチャーを培っていく媒体ではない。次々と読み捨て、ときに立ち読みで済ませ、新しい情報を「ブラウズ」する"プラットフォーム"にすぎなくなっている。

その意味で、いまや書店は世の中の新しい情報を素早くチェックし通覧するための「情報空間」として受けとめられるようになった。「さまざまな情報にアクセスできる便利さ」を提供する都市空間、それが現在の書店

図8-1 ツタヤ店内の様子

出典)Shibuya Tsutaya by Dick Thomas Johnson (Flickrより)

の姿である[2]。

　このように消費空間が「情報空間」化するなかで行われる情報収集行動を、社会学者の南後由和は「スクロールするまなざし」という概念で捉える[3]。厖大な商品が配置されたショッピングモール内をテナントからテナントへと移動していく客のまなざしは、スマートフォンの画面をスクロールするように進んでいく。あるテナントの前ではゆっくりと歩を進め、関心のないテナントは素早く通り過ぎ、その連続－不連続の積み重ねのなかで商品情報を素早く、あるいはじっくり摂取していく。

　私たちは書店やコンビニなどさまざまな都市空間で、「スクロールするまなざし」を通して情報を通覧しながら、「情報の向こう側で動いている社会の気配」を遠望しているのである。このように、対象に深く関わることなく、あくまでも距離を置きながら情報の向こう側を想像していく態度をどのように意義づけることができるだろうか。それを「人間関係の希薄化」や「地域コミュニティの崩壊」といったステレオタイプな決まり文句で捉えていては、いま、都市空間に現れている社会変動は何も見えてこない。

2：菊池哲彦「TSUTAYA／ブックオフ―『快適な居場所』としての郊外型複合書店」前掲書[1]近森・工藤編(2013), pp.140-143.
3：南後由和「建築空間／情報空間としてのショッピングモール」若林幹夫編『モール化する都市と社会―巨大商業施設論』NTT出版, 2013, pp.170-171. ただし南後の議論では、昨今のショッピングモール空間がテーマパーク的手法とは異なる数量的な相対的価値に還元される様相を呈しているという問題意識の下に、「スクロールするまなざし」概念は位置づけられている。しかし本書は、都市空間のテーマ化の問題とは別の「都市空間に人びとが集まる」問題系において、「スクロールするまなざし」概念の意義を見出す立場をとる。

媒介的空間としてのショッピングモール

　情報空間の意義が最も分かりやすい形で現れているのは、地方のショッピングモールである。社会学者の阿部真大は、「移動性」を軸とする地方の生活空間の実態を明らかにしている。

　岡山県倉敷市にある大規模ショッピングモール「イオンモール」の商圏は広い（図8-2）。隣の岡山市はもとより、高梁市や真庭市などから自動車で1時間や2時間かけてはるばるやってくる利用客も少なくない。

　このイオンモールまでの長時間ドライブは、それ自体一種の余暇として楽しまれている。地方の、特に若者の余暇のリアリティとは、「家でゆっくり映画やドラマを見る」か「イオンモールに出かける」かの2つの選択肢に限られている。そして、こうした生活を可能にしているのが、「快適な道とロードサイド店の開発、すなわちモータライゼーション」である[4]。

　このような地方の生活においては、地域社会の濃密な人間関係を育む場所であった、かつての商店街は存在しない。商店街とは、「『よく分からない人』に出会わないと生活必需品を手に入れることができない『ノイズ』だらけの場所でもあった」[5]。

図8-2　イオンモール（※本文中のものとは別のイオンモール）

出典）イオンモールむさし村山ミュー by Kazuhiko Maeda (Flickrより)

4：阿部真大『地方にこもる若者たち―都市と田舎の間に出現した新しい社会』朝日新聞出版、2013, p.26.
5：前掲書[4]阿部(2013), p.52.

モータライゼーションは、こうした「ノイズ」だらけの人間関係からの解放をもたらしてくれたと同時に、自分の馴染みある世界への没入を可能にしてくれたのである。自動車を中心とした生活とは、プライベートな空間である家庭からマイカー空間を媒介として、コンビニやショッピングモールという匿名空間へと連続的に移動できるような生活である。煩わしい人間関係に悩まされることなく、日常生活を"回していく"ことが可能となっているのだ。

　こうした「馴染みやすさ」に満ちた移動生活において、イオンモールは大都市ほどの刺激はないが、ほどほどに楽しめる場所を地方の若者に提供しているという。マスメディアの発達やソーシャルメディアの普及は、一貫して"中央集権的"な文化志向性を強めてきた[6]。だからといって、地方居住者の空間感覚が、単純に「つまらない地方」と「刺激的な大都市」という二項対立的図式に支配されているわけではない。

　むしろ、こうした二項対立的な空間に「媒介的空間」を挿入したのがショッピングモールである。そこは「大都市のように刺激的で未知の楽しみがあるわけではないが、家のまわりほど退屈なわけではない、安心してほどほどに楽しめる場所」である[7]。

　言い方を換えると、ショッピングモールは「居住地周辺の日常」と「大都市という非日常」を媒介する空間として、地方生活者には受けとめられている——大都市に対する憧れはある。その刺激や、未知の世界は魅力的に映る。しかし、同時に知らない世界に対する恐れや不安もある。だから、住むなら地方都市のほうがよい——。このようなアンビバレントな感覚を漂う人びとにとって、ショッピングモールは格好の「媒介的な空間」となっているのだ。

　地方の大型ショッピングモールは、テナントにせよ、品揃えにせよ、いまでは大都市に引けを取らない。そこに併設されているシネマコンプレックスは、大都市で上演されている映画をそろえている。しかし、それでも本物の「渋谷」や「原宿」とはどこか違うという感覚はぬぐえない。ただ、

---

[6]：ソーシャルメディアは、マスメディアの中央集権志向を相対化するとみる見方がある。しかし、ジャーナリストの藤代裕之は、ソーシャルメディア利用者の多くは東京を中心とした都市部に偏っているため、東京視点を加速しただけだと論ずる。藤代裕之編『ソーシャルメディア論——つながりを再設計する』青弓社、2015、p.180.
[7]：前掲書[4]阿部(2013), p.33.

こうした「シブヤもどき」「ハラジュクもどき」を通して、大都市の刺激が「安全地帯」から遠望されているのである。

以上をまとめると、次のようになる。モータライゼーションは、「移動性」を軸とする"馴染み深さ"に満ちた安全な日常生活を可能にしてくれた。その一方で、日常生活の外側に広がる"大都市の刺激"のような非日常への憧れや興味も消失したわけではない。移動性の発達によって「ノイズ」がない"退屈"な生活になればなるほど、ノイズというリスクを伴う非日常性に対するニーズも相対的に際立つ。こうした別世界への志向性を、リスクを低減しながら満たしてくれるのが、ショッピングモールのような「媒介的な空間」なのである。

2.2．別世界との接触を探究する
媒介的な関係の重要性―中間的な関係

こうした媒介的な空間を、もう少し別の角度から捉えてみよう。ここでは、手掛かりとして「中間的な関係」に注目してみたい。

建築学者の田中康裕は地域の社会的接触を研究するなかで、「中間的な関係」とでも呼ぶべき関係性に注目している（第6章参照）。それは親密な友人や家族でもなければ、まったくの他人でもない、ちょうどその中間的な関係にあたるような"顔見知り"程度の間柄を意味する。たとえば、たまに立ち寄る近所のたばこ屋の店主、犬を連れて公園を散歩するときに知り合った名前も知らない人、ガーデニングをしていると、たまに立ち寄るようになった近所のお年寄りなど、さまざまである[8]。

ここで考えたいのは、どうしてこういう中間的な関係が発生するのかである。建築学者の鈴木毅は、面識のない行きずりの人との会話がどのように生ずるのかに注目する。そこには「オープンな居方」とでも呼べるような、他人から話しかけられやすい状態の佇まいがあるのではないかとみる。たとえば、ペットを連れている人、赤ん坊を連れた人、植木を持ち歩いている人、お年寄りや子ども、さらに役割的にはキオスクの売り子や商店の主などもそれに当てはまる[9]。

---

[8]：田中康裕・鈴木毅「地域における異世代の顔見知りの人との接触についての一考察―『中間的な関係』と『場所の主』の観点から」『日本建築学会計画系論文集』73(632), 2008, pp.2107-2115.
[9]：鈴木毅「オープンな居方―人の『居方（いかた）』からの環境デザイン7」『建築技術』534, 1994, pp.150-153.

さて、このような「中間的な関係」や「オープンな居方」に注目するのは、それが〈親密な関係〉に発展する"きっかけ"となっているからではない。そうではなく、「中間的な関係」そのものが社会環境のなかで重要な意義を有しているからである。たとえば、田中康裕は「中間的な関係」には公共的な意味があると見ている。つまり、自分とパースペクティヴの異なる他者と出会うことによって、自分の選考や意見を軌道修正する経験が可能になると評価する[10]。

しかし、ここでは「公共性」とは少し違う視点から捉えておきたい。それは、「中間的な関係」が〈親密な関係〉と〈没関係〉をつなぐ媒介となっているのではないかということである。先に指摘したように、モータライゼーションは「移動性」を軸とする"馴染み深さ"に満ちた日常生活を現代社会にもたらした。こうした生活は快適このうえない。しかし、逆に「親密性」に支配された生活は、その外部の別世界から切り離され、新しい世界に"挑戦"したり、異なる価値観に触れたりする機会を喪失することにつながる。

「中間的な関係」は、ネットワーク理論的にいうと「ブリッジ」を架ける機会に他ならない。第2章で議論したように、私たちは自分の属する組織のメンバーや、同じ趣味をもつ知り合い同士で、比較的密度の高い「強い紐帯」を形成している。それは、「馴染み深い人間関係」に閉じたコミュニティである。

こうしたコミュニティの外側に広がる「構造的空隙」へ向けてブリッジを広げていくには、"足掛かり"が必要となる。その役割を担っているのが「中間的な関係」である。つまり、「中間的な関係」とは、馴れ親しんだ内部世界を越えて別世界へ関心を向け、社会関係を広げていく"契機"をもたらしているのである。

しかしながら、「中間的な関係」の概念が示唆するのは、人と人との関係にとどまるものではない。社会環境に対する人間の関わり方全般に関連する、よりスコープの広い問題域に関わってくる。そこで、以下では「内部世界から別世界への媒介」という問題を、「場所との関わり方」という視点から捉え返してみよう。

10：前掲論文[8]**田中・鈴木**(2008), pp.2112-2113.

場所との関わり方の多様性──居方論

「馴染み深い世界」を抜け出て、外の世界へ目を向けていくためには、「周囲との関わりを自由に築きやすい空間」が必要となる。鈴木毅は、銭湯と公共施設の違いに注目している。それによると、自治体が提供する施設で行われる入浴サービスよりも、銭湯のほうがはるかに人気が高いという。なぜなら、公共施設は「入浴サービス」機能に特化しているが、銭湯は、入浴に限らず利用者同士で話したり、背中を流し合ったりと、使い出がある。つまり、施設と利用者のインターフェースのレンジが広いのだ[11]。

このような「インターフェースのレンジ」を、建築学者の橘弘志は「場のアクセシビリティ」と呼ぶ。「アクセシビリティが高いということは、様々なレベルのコミュニケーションを可能にする機会に気軽にアクセスしやすいということであり、それは意図しない出会いや人との軽いコンタクトなど、その場の状況に応じた関わり合いを可能にする」[12]。

たとえば、下町と団地を比べた場合、下町のほうがアクセシビリティは高い。下町には商店、神社、銭湯、飲み屋などがある。それぞれには「買物」や「お詣り」などの機能がありながらも、たとえばそこで行きずりの会話を楽しんだり、ボーッと雑踏を眺めていたりと、さまざまな関わり方が許容されている。それに対して、団地には豊かなオープンスペースが付設されてはいるが、それは採光や衛生のために設けられた隣棟間隔にすぎず、人が往来するための街路ではない。そこで人間観察したり、ちょっとしたコミュニケーションが生まれたりすることはほとんどない。要は、自由な関わり方が許されていないのである。

しかしながら、「アクセシビリティ」を単に"他者とのコミュニケーションの発生のしやすさ"と捉えていては視野が狭くなる。私たちが「場所と関わる」場合、それは「人間関係」的な側面に限定されているわけではないからだ。

---

[11]: 鈴木毅「都市居住における個人の生活行動空間」『JKKハウジング大学校講義録Ⅱ』小学館スクウェア, 2001, pp.54-55.
[12]: 橘弘志「市街地と団地に展開される行動環境の比較─高齢者の生活から地域環境を捉える」高橋鷹志・長澤泰・鈴木毅編『シリーズ人間と建築2 環境と行動』朝倉書店, 2008, p.124.

ここで注目したいのは、鈴木毅の提示する「居方」概念である。それは、「人間がある場所に居る様子や人の居る風景を扱う枠組み」である[13]。その着目点のひとつとされるのが、人がある場所にいるとき、当人が他者や環境をどう認識しているか、逆にその人が他者からどのように認識されているかという点である。人間を含めた環境全体との関わり方がトータルに視野に収められている。

したがって、〈会話が発生する／しない〉を基準に「周囲との関わり」が生まれているかどうかを判断するような狭い見方を取るのではなく、言語的コミュニケーション以外も含めて、環境全体にどのように関わっているのかが肝要となる。その際に鈴木毅は、ひとつの視点として「場所の意味づけ」に注目する。以下では、この点について検討したい。

別世界との接触をもたらす媒介的空間

鈴木らは、人びとが日々の都市生活のなかで「どのような場所をどのような意味の場所として使いこなしているのか」調査を行った。その結果、「自分の世界」、「別の世界」、そして両者を媒介する「別の世界との接触」という3分類が浮かび上がってきたという。

「自分の世界」とは、自室や自分の机、リビングのテレビの前、職場、庭、トイレ、車内、行きつけの店など、「一人になれる」「なじみ」「行きつけ」「たまり場」と括ることができるような場所である。他方で「別の世界」とは、ディズニーランドやハレの場などの「非日常の世界」、あるいは「自分の街と異なるアイデンティティをもった地域や街」、「ダンスやスポーツ、ゲームなどの非日常の体験ができる場所」などを意味する。

興味深いのは、「自分の世界」と「別の世界」を媒介するような場所が挙げられたことである。それは、店や公園・交通機関などの「他者の認識が可能な場所」、コンビニや書店などの「常に新しい情報のブラウズが可能な場所」、大きな川辺に出て突然視界が開ける地点などの「別世界との対面が起こる場所」である。言い換えると「日常の自分の世界のすぐ近くにあって『別の世界と接触』し、それを垣間見ることができる場所」である[14]。

13：鈴木毅「人の『居方』からの環境デザインの試み」『JKKハウジング大学校講義録Ⅰ』小学館スクウェア, 2000, p.56.
14：前掲書[11]鈴木(2001), p.60.

こうした場所は、「馴染み深い世界」から外部への境界を越える視点をもたらしてくれる。外国のような「非日常の世界」そのものとは異なるが、そうした外部の未経験の世界への関心や興味を引き起こしたり、あるいは外部世界への"認知"そのものをもたらしてくれる空間である。こうした経験は、自分の依って立つ「馴染み深い世界」を相対化し、世界の多様性へと目を開かせてくれる機会を与えてくれる。

　この「別の世界との接触」をもたらす媒介的空間について、認知心理学者の佐伯胖もその重要性を指摘している。それによると、未知なる世界に関わりを広げていく際には、二人称（You）的関係が重要となる（図8-3）。「一人称（I）的世界」とは自分の既知の世界、「三人称（They）的世界」は自分の知らない秩序によって維持されている未知なる世界である。私（I）が直接They的世界に対峙すると、呑み込まれるか拒否するかの二者択一に陥ってしまう。しかし、両者の間でThey的世界を垣間見せてくれるYou的存在が媒介になってくれることで、They的世界を予見的に概観し、関わっていく「構え」を段階的に形成することが可能になる[15]。

　こうした既知の世界から未知の世界への媒介性は、地理学者のイーフー・トゥアンによれば、伝統社会から近代へ移行するにつれて明らかになってきた人間存在がはらむディレンマに由来するという。トゥアンは、こ

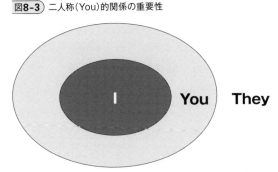

図8-3　二人称（You）的関係の重要性

出典）佐伯胖『「学ぶ」ということの意味』（岩波書店, 1995）より作成.

15：橘弘志「居場所にみる新たな公共性」日本建築学会編『まちの居場所』東洋書店, 2010, pp.203-204／佐伯胖『「学ぶ」ということの意味』岩波書店, 1995.

うした矛盾を「コスモポリタン的炉端」という概念で表している。既知の馴染みの共同体への帰属は、安心感を与えてくれる。しかし、私たちは同時に、直接的な経験の範囲を越えた世界を想像し、他の場所や時代へと移動する志向性をもつ。「われわれは、『ここ』にいながら、つねに『あそこ』にいることを想像することができる」[16]。こうした、「ここ」から「あそこ」を想像させてくれる場所こそが、「別世界との接触空間」ではないだろうか。

移動と集まること

　第2章で検討したように、モビリティ社会では、地理的な移動だけでなく、メディアを介した想像上の移動や、情報通信機器を介したバーチャルな移動が日常生活に多元的に組み込まれてくる。人びとは、身体的な共在に基づく直接的な交流だけでなく、さまざまな移動を媒介に距離を隔てた社会関係をやりくりしながら生活している。

　こうした、交通メディアやコミュニケーション・メディアを介した生活というのは、対面的な相互作用を介した生活と比較すると、圧倒的に"ノイズ"が抑制された情報環境となっている。すでに述べたように、インターネットやソーシャルメディアの発達は、情報環境のパーソナル化を推し進めた。それは、自分にとって耳当たりの良い情報だけで周囲を固めたようなフィルターバブルの世界である。同様に、自宅とショッピングモールを往復するモータライゼーションの生活は、商店街でお節介な近所の住人とやりとりする必要のない、ノイズフリーの環境をもたらしてくれた。

　ノイズフリーの世界とは、「馴染みの世界」に他ならない。したがって、馴染みの世界とは異なるリスクフルな別世界や、非日常との接触は最小化されている。それゆえ、こうしたモビリティ時代においては、先の「媒介的空間」の意義が相対的に突出してくる。なぜなら、他に「別世界との接触」をもたらしてくれる契機がほとんどないからである。

　逆にいえば、だからこそ人びとは、別世界を通覧させてくれる「場所」に集まるのかもしれない。それほど、未知の外部世界と接触する機会が枯渇しているということだ。その意味では、コミュニティカフェにせよ、パ

16：イーフー・トゥアン／阿部一訳『コスモポリタンの空間─コスモスと炉端』せりか書房, 1997, p.239.

ブリックな広場にせよ、あるいはショッピングモールのオープンスペースにせよ、馴染み深い世界の外側を感受させてくれる「場所」は、日常生活の移動性が高まって馴染み深い環境が支配的になればなるほど、その意義を鮮明にさせていくのではないだろうか。

以上、〈場所でつながる〉ことに見られる場所の意義を、「別世界との接触」という観点から掘り下げた。そして、移動性が高まる時代においては、ノイズが抑制されて「馴染み深い」環境が支配的になるがゆえに、逆にノイズをもたらしてくれる「場所」に人びとが集まる傾向が強くなることを指摘した。

ただし、移動性が高まることによる影響はそれだけでない。さまざまな組織や集団の境界を越えてネットワークが広がり、情報やアイディアが拡散していく傾向も強まる。こうしたシェア時代において、場所は思いもかけない相互触発の機会をもたらし得る。第7章で検討したように、このような場所の特性は、創造都市やアートまちづくりで注目されている。次節ではこの点に関しても、議論を深めてみよう。

3. クリエイティブな人材はなぜ場所に集まるのか

3.1. 創造都市の議論を再考する

フロリダの創造都市論

近年、都市政策やまちづくり、地域おこしの分野で大きな注目を集めているのが創造都市論である。この分野の代表的な論客である都市経済学者のリチャード・フロリダは、グローバル化の時代において、経済発展が特定の地域で生じていることに注目する。そして、情報コミュニケーションや移動のテクノロジーが発達して、距離的な障壁が低くなっているにもかかわらず、社会的にも経済的にもますます場所が重要になりつつあるという。

情報経済や知識経済などと呼ばれる今日の経済活動においては、自動車、ファッション、食品、情報科学などほとんどの分野では、クリエイティビティが基軸になっている。そしてこの経済においては、科学、エンジニアリング、建築、デザイン、教育、芸術、音楽、娯楽に関わるクリエイティ

ブ階級が中心的な役割を果たしている。そのため、仕事のために人が移動するのではなく、クリエイティブ階級が集まる「場所」に企業が移転するという逆転現象が起きているのである。

その結果、クリエイティブな人びとを引き寄せる地域で経済発展が生ずるようになっている。クリエイティブな人びとは、寛容性が高く、多様性に富み、開放的な都市や地域に集まる傾向がある。国際競争において、商品やサービス、資本の移動以上に、クリエイティブな才能の移動が重要な要素となっている。その結果、彼らの移動先となる「場所」がますます重要な意味合いを帯びつつあるのだ[17]。

文化資源論と創造的人材論

フロリダのクリエイティブ資本論に影響を受けて、わが国では、特に文化芸術系のクリエイティビティを基盤とした地域おこしに注目が集まっている。では、文化芸術分野の創造性をどのように地域の活性化に結びつけていこうとしているのであろうか。大きく分けると、〈文化資源の回路〉と〈創造的人材の回路〉という、2つの方法が想定されている。

〈文化資源の回路〉とは、アートプロジェクトや創作活動をきっかけとして、地域に特色ある文化資源を創出し、交流人口の増加を見込む方法である。たとえば、民間企業のベネッセホールディングスは瀬戸内海の直島（香川県）において、古民家改修とアート制作を一体化した「家プロジェクト」の開催（1998年〜2006年）や、自然環境・アート作品・建築物を一体化した「地中海美術館」の開設（2004年）などに取り組んできた（図8-4）。その結果、人口約3,000人の島に年間約40万人以上の観光客が訪れるほどの「アートの島」へと変貌した[18]。

こうした動きの背景には、観光まちづくりのリソースとなる自然や歴史的な町並みが次第に消失していることに加えて、もともと特色ある文化的資源を保有する地域が限られていることがある。目立った文化資源のない地域にとって、アートや芸術を活用して"付加"的に地域の文化資源を"発掘"していくことは、地域活性化のための強力な方策のひとつとなり

---

[17]：リチャード・フロリダ／井口典夫訳『クリエイティブ資本論―新たな経済階級の台頭』ダイヤモンド社、2008.
[18]：田代洋久「地域性と結合した文化的資源の創造による島の活性化―直島町・小豆島町」佐々木雅幸・川井田祥子・萩原雅也編『創造農村』学芸出版社、2014, pp.204-223.

図8-4 直島とアート

出典）P9244995 by merec0（Flickrより）

つつあるのだ。

　他方で〈創造的人材の回路〉とは、芸術家や音楽家などの創造的人材を直接、当該地域に呼び込むことで、地域活性化を図る方策である。典型的には、第7章で検討したように、芸術家に一定期間地域に居住してもらい、その作品づくりを支援する「アーティスト・イン・レジデンス」がある。

　創造的人材の呼び込みを通じて、どのような効果を見込んでいるのであろうか。たとえば、総務省は「三大都市圏以外の地方圏においても、芸術家や音楽家などの創造的人材が定住・交流を行い、知的付加価値を創造することによって、知の拠点とも言うべき人材交流のノード（結節点）が形成される」と述べている[19]。「知的付加価値の創造を通じた知の拠点づくり」が、交流人口や定住人口の増加につながると想定されている。

　さて、こうした創造都市論は、クリエイティブな人材の集積が、その都市や地域の経済の活性化につながることを、マクロな視点から説明してくれる。しかし、そもそもなぜクリエイティブな人材は、特定の「場所」に集まるのであろうか。第2章で検討したように、現代社会では地理的移動性が高まっているのみならず、メディアや情報通信機器を媒介とする距離を隔てた社会関係が支配的になっている。こうした移動性の時代に、なぜ、

---

[19]：総務省地域力創造グループ地域自立応援課『創造的人材の定住・交流の促進に向けた事例調査』総務省、2012. p.3.

あえて場所に集まるのだろうか。なぜ、あえて身体的な共在に基づく対面的な相互作用を行うのだろうか。この点に関して、以下ではもう少し議論を深めたい。

3.2. 暗黙知と弱いつながり
暗黙知の共有と場所

社会学者のジョン・アーリは、なぜ〈移動〉と〈対面的インタラクション〉が相関的な関係をもつようになっているのか、ビジネスをめぐる組織構造の変容という観点から検討している。今日では、組織構造の柔軟な「プロジェクト型の仕事」が広がりつつあり、こうした働き方においてはチームワークが重要となる。とりわけ、今日では情報テクノロジーの発達によって、距離を隔てたメンバー間のプロジェクトも増加している。

こうした状況に加えて、雇用のグローバル化によって、働く現場に参加するメンバーも、さまざまなエスニック的背景をもつ多文化的人材となりつつある。また、雇用の流動化が加速しているため、諸個人のキャリア形成も以前よりも動的な経路をたどるようになっており、短期的な人間関係が常態となっている。

このような環境で仕事を進めるためには、言語化できない暗黙知の共有を再帰的に図っていくことが必須となる。ところが、こうした暗黙知は、文字や言葉で表せないために、経験や生身の人間からしか学ぶことができない[20]。そのために、「断続的な対面での共在」がこれまで以上に肝要となる[21]。

このように、距離を隔てたネットワーク形成に依存したプロジェクト型の働き方においては、長距離の移動と場所を介した対面的インタラクションの結びつきが前景化するようになる。しかし、こうした「暗黙知の共有」という観点だけでは、「場所」の迫り上がりを説明しきれない。たとえば、第7章で扱ったようなコワーキングスペースや神山町では、異なる業種や職種の人びとの〈つながり〉が、その場所の魅力を高めていた。こうした側面は、どのように説明できるのだろうか。

---

[20]:田坂広志『これから何が起こるのか』PHP研究所, 2006, p.236.
[21]:ジョン・アーリ／吉原直樹・伊藤嘉高訳『モビリティーズ—移動の社会学』作品社, 2015, p.355.

「弱いつながり」論からの展開

　第2章で検討したように、「弱いつながり」や「構造的空隙」の理論は、新たなイノベーションの創出やその伝播において、いかに「弱いつながり」が重要なカギとなるか説明してくれる。しかし、ここでは「場所」という観点に絞って、その議論をさらに展開してみたい。

　同じ組織や集団のなかで形成される、比較的密度の高い「強いつながり」は、親密で情報密度の高い交流を可能にするが、似たようなアイディアや情報が循環する傾向を作る。それに対して、各コミュニティの間に「ブリッジ」を架ける「弱いつながり」は、異なる集団や組織をつなぐ唯一ないし最短のルートになるため、新しい知識やアイディアの流れをもたらしやすい。そのため、異なる領域や分野の間の境界を越えた、それまでなかったようなアイディアの出会いや結びつきが生まれ、社会に新たなイノベーションや発見がもたらされる可能性が広がる。

　しかしながら、弱いつながりの理論だけでは、なぜ「場所」を介した対面的インタラクションが重要になっているのか分からない。この点に関して、リチャード・フロリダが興味深い議論を行っている。弱いつながりが重要である最大の理由は、より多くの関係を持てることにある。強いつながりと比較して、弱いつながりを維持するためには時間とエネルギーの投資が少なくて済む。そのため、状況に応じた多様な使い分けが可能であり、それが新しいアイディアとの出会いを増やし、さらに、そのアイディアを素早く吸収することにつながる[22]。要するにフロリダは、「機会の量的増加」という観点から、「弱いつながり」を評価するのである。

　このフロリダの議論は、重要なポイントを示唆している。弱いつながりの理論は、つながりのタイプ（種類）について詳しく解き明かす。しかし、よりマクロに見たときの組み合わせの多様性の数量的増加については、何ら言及していない。弱いつながりは、「空間的近接性」という条件を与えられたとき、そのブリッジ的な性格のみならず、それが"出会い"そのものを増やすことによって「組み合わせの多様性」を生み出すという意味でも重要なのである。

　クリエイティブ階級は、自らのチャンスや幅広い人間関係を築くことが

22：前掲書[17]**フロリダ**(2008), pp.346-347.

できるような、弱いつながりのコミュニティを好み、閉鎖的で長期的なコミュニティは望んでいない。弱いつながりのコミュニティはその性格上、必然的に多様性に富むが、こうした「場所」はますますクリエイティブな人びとを惹き寄せる。そこでは、知識の新しい組み合わせが生まれやすくなるばかりか、「空間的近接性」という条件の下、多様性と集中が重なることで知識の出会いと流通が加速化する[23]。

　こうして、多様性に富む「場所」がクリエイティブな人びとを呼び寄せ、ますます多様化していく、というプラスのフィードバック効果が働くようになる。企業も、こうしたクリエイティブな人びとが集中することで生まれる力を利用するために、特定の「場所」に集積するようになる。そして企業の集積は、ますますその「場所」の多様性を高めていくのである。

3.3. スパイキーな世界—場所のブランド化

　こうした弱いつながりのコミュニティが、才能あるクリエイティブな人びとを惹きつけ、そこに多様な組み合わせの出会いを生みやすい環境が整うと、その多様性がさらなる知識と資源の集積を呼び込む。こうして、特定の場所や都市にクリエイティブな産業や人材が集中することになる。これを世界規模でみると、都市間、地域間の格差がますます拡大した不均衡な状態が現れている。フロリダは、こうした状態を「スパイキーな世界」と呼ぶ。

　――テクノロジーの進歩のおかげで、どこにいようとも仕事をすることが可能となり、さまざまな社会的活動に参加することができる。トーマス・フリードマンはこう述べ、「世界はフラットだ」と提唱した[24]。実際、多くの批評家が、インターネットや移動交通テクノロジーの進歩によって、物理的な距離の経済的重要性はいずれなくなると主張してきた。

　しかし、フロリダによると、イノベーションと経済的資源の地理的集中は高いレベルで続いている。そして世界は、イノベーションの拠点となる少数の先進地域、そのイノベーションを活用する新興地域、開発途上国の大都市、グローバル経済との接点のない地域、という4つのグループに分

---

[23]: 前掲書[17]フロリダ(2008), p.314.
[24]: トーマス・フリードマン／伏見威蕃訳『フラット化する世界(増補改訂版)』(上)(下), 日本経済新聞出版社, 2008.

断されつつあるという[25]。

　こうした不均衡は、わが国の地域間でも今後、先鋭化していくことが予想される。だからこそ、近年では、大都市や過疎地域を問わず地域おこしに取り組む多くの自治体が、創造都市のコンセプトに関心をもつようになっている。いかにして創造的な人材や産業を呼び込むかがカギとなっているのだ。

　そして、第7章で明らかにしたように、クリエイティブな人材の多様性が、さらなる多様性を呼び込むという循環的な集積プロセスは、「地域イメージの創出」を介在することによってより加速化している。分かりやすく言い換えると、クリエイティブな人材の流入そのものがクリエイティブな地域イメージの形成につながるために、さらにクリエイティブな人材を惹きよせるという循環が生ずる。つまり、第7章で紹介した神山町を例に述べれば「新しく町にやってきた人が新しい神山のコンテンツになり、新しい面白い人を呼び寄せるという、連鎖と循環が」起きるのである[26]。その意味でも「場所」のブランド化は、スパイキーな世界を生き抜いていくうえで、否応なく取り組むべき課題となりつつあるのだ。

4・そして〈場所とつながる〉へ

　本章では、第6章と第7章の分析をふまえ、〈場所でつながる〉取り組みに関して、2つのポイントから検討を行った。

　ひとつは、コミュニティカフェの分析から明らかになった「別世界との接触」という場所に対する意味づけを、より一般的な都市経験として位置づけた。そして、こうした場所経験が「既知の世界」から「未知の世界」へ媒介するという重要な意義を有していることが確認された。

　他方で、モータライゼーションによる空間的移動や、メディア機器を介したコミュニケーションが支配的になりつつある現代社会においては、情報環境全体がパーソナル化し、新たな刺激やノイズに触れる機会そのもの

---

[25]：リチャード・フロリダ／井口典夫訳『クリエイティブ都市論―創造性は居心地のよい場所を求める』ダイヤモンド社、2009、pp.23-48.
[26]：野田邦弘「創造人材の誘致による過疎への挑戦―神山町」前掲書[18]佐々木・川井田・萩原編(2014)、p.198.

が減じている。こうしたなかで、「別世界との接触」をもたらす媒介的空間は、その意義を相対的に高めていることが明らかにされた。

　もうひとつのポイントは、場所が"触媒"となって、脱領域的なアイディアや情報の創発を引き起こしているという側面であった。ここでは、なぜ多様な人材が特定の場所に集まるのかという疑問に対して、「暗黙知の共有」や「弱いつながり」という観点から検討が加えられた。そして、クリエイティブな人材が特定の場所や地域に集中する傾向が高まっており、そのプロセスが、「地域のブランド化」を通じて増幅されていることが指摘された。

:::: 終章 ::::
モビリティ時代のクリエイティブなまちづくり

1・これまでの議論を振り返って

　本書では、現代社会において「場所」が新たに帯びつつある意義を理解するために、近年のまちづくりの取り組みのいくつかに焦点を当てて検討を行ってきた。

　厳密にいうと、本書の議論には2つの側面がある。グローバル化が進み、流動化の様相を強めている社会関係の形成プロセスにおいて、「場所」がどのような新たな意味を持ち始めているのか把握するために、「まちづくり」という切り口を採用した側面がひとつ。もうひとつは、人口減少社会の到来を前に、今後の「まちづくり」の実りある方向性を模索するために、「場所」論の視点を採用した側面である。したがって、「場所の社会学」であると同時に、「まちづくり研究」でもあるという、ヤヌス的な性格を有するのが本書の特徴である。

　議論を組み立てるにあたって土台に据えたのは、現代社会においては「近くにいること」や「対面的な交流」という条件が当たり前ではなくなっている点であった。本書では、それを「モビリティ社会」と呼んだ。そこでは、地理的な距離を隔てた関係、メディアの介在、オンライン上のコミュニティなど、「直接的な接触」を取り囲み、それを補完するコミュニケーション形態が多元的に絡み合っている。それでも、「場所」を介在した相互作用は、その意義を失ってはいなかった。

　こうした新しい意義は、主に2つの視点から整理できた。まず、アニメ聖地巡礼に典型的に見られたように、メディアを介した想像上の移動とリアル空間の経験が「場所」を介して結びつき、場所に対する新しい関係をもたらしていた。他方で、コミュニティカフェや創造的地域づくりに見られたように、さまざまな領域や分野、集団や組織の境界を越えた興味関心の生成や情報流通、人間関係形成が、「場所」を触媒として活性化してい

ることが分かった。

　では、こうしたモビリティ社会において新たな意義を帯びつつある「場所」という視点から、「まちづくり」の実践を捉え返したとき、どのような「まちづくり」の未来が見えてくるのであろうか。

2・「まちづくり」観念の再構築

　「まちづくり」ほど、立場や専門領域によってその意味が異なってくる言葉はあまりない。そこで、本書としてはどのようなスタンスで「まちづくり」を捉えているのか、簡単に触れておきたい。

　「まちづくり」の含意を最大公約数的に表すと、「地域に関係することをボトムアップで生活者の視点から行おうとする」ことであるとされる[1]。当初は住民運動など、住民主体の地域活動を意味していた。ところが、1980年頃から自治体行政全般を「まちづくり」として捉え返す動きが生じる[2]。その後、1990年代後半からの地方分権化の流れのなかで、官と民の「協働」や「連携」といった言葉が定着するようになり、「まちづくり」という言葉も官・民を問わず広く拡散してきた。

　しかし近年、既存の「まちづくり」のあり方に対する批判が高まっている。建築家の馬場正尊は、「まちづくり」という言葉には一貫して独特の甘い響きがあったと述べる。それは「善意や社会貢献に裏打ちされていなければならない」という含意であり、そこには「儲けてはいけない」、「公平でなければならない」という清く美しい物語が流れているという。その結果、過剰な公平性への固執が生まれ、それは健全な競争や経済合理性の判断を鈍らせることにつながった[3]。その反省から、近年では経営的な観点に基づくまちづくりや地域再生に関心が集まりつつある[4]。

　また馬場は、これまでの「まちづくり」が町内会や自治会などの既存のコミュニティとの連携を重視してきたのに対して、その「しがらみ」から距離をおく活動をあえて（「まちづくり」ではなく）「エリアリノベーショ

1：西村幸夫「まちづくりの枠組み」石原武政・西村幸夫編『まちづくりを学ぶ』有斐閣, 2010, p.42.
2：西村幸夫「まちづくりの変遷」前掲書[1]石原・西村編(2010), p.61.
3：馬場正尊・Open A編『エリアリノベーション─変化の構造とローカライズ』学芸出版社, 2016, pp.14-15.
4：木下斉『稼ぐまちが地方を変える─誰も言わなかった10の鉄則』NHK出版, 2015.

ン」と呼ぶ。こうした視点の"ずらし"は重要な論点を示唆している。

　第2章で検討したように、領域型社会モデルにおいては、地域コミュニティは、国民国家の内部に階層構造的に配置された地理空間として、複数の家族集団を束ねている。この地域の社会関係のデフォルト形態は、地域空間内部で完結的に閉じているとされる。そして、地域でボトムアップのまちづくりを担うのが町内会や商店会である。したがって、町内会や商店会が取り組むまちづくりは、必然的に、階層構造的な社会関係モデルを"維持"する方向に向かう。既存のまちづくりが、「コミュニティづくり」に向かうのは、その意味では"自然"なことなのである。

　しかし、「領域を越えた社会関係の増大」という新しい社会変動に対応しようとする「まちづくり」は、当然のことながら、「コミュニティ再生」にとどまらない広がりや視野をもたざるを得ない。「定住人口増」や「交流人口増」といった身体の移動もさることながら、メディアを介した移動やオンラインのバーチャルな移動などを手掛かりとした取り組みを実践していくことになる。こうした観点より、本書では「まちづくり」を"コミュニティづくり"にとどまらない広がりを有するものとして捉えてきた。その際に、鍵となるのが「移動性」である。以下では、この点について再確認しておきたい。

3・まちづくりの未来に対する新たな視座

3.1. 多様な移動性への対応
コミュニティから移動性へ
　横浜市金沢区の能見台駅から金沢文庫駅に沿って走る国道16線号の東側に、約1,600世帯が暮らす西柴団地がある。コミュニティカフェ「さくら茶屋」はその商店街の一角を占める（図9-1）。開店したのは2010年。以来、高齢者や小学生、子育て中の母親などを中心に地域の住民に幅広いサービスを展開してきた。

　1969年に開発が始まったこの団地の歴史も優に40年を超え、高齢化率40％を超える地区も出てきた。商店街の空洞化も目立ち始め、車のない世帯は日々の買物にも苦労がつきない。こうしたなか、さくら茶屋は、飲食サ

図9-1 「さくら茶屋」の外観

出典）筆者撮影

ービスの提供にとどまらず、大人から子どもまで幅広い年代を対象とする各種イベントの開催や、趣味・教養関連の各種教室、健康づくりを目的とした健康講座やウォーキング、介護サロンや買い物代行など、住民の生活を多面的に支える活動を展開し、多くの住民の信頼を集めている。

さて、ここには私たちが「コミュニティカフェ」という言葉から想像する"モデル"的な実践がある。それどころか、「まちづくり」という言葉から連想できる「住民同士の相互の助け合い」の理想形のひとつをそこに見出すこともできる。

この「さくら茶屋」の活動が素晴らしいものであることは言を俟たない。だが、「まちづくり」の実践を、こうした「コミュニティ再生」を目的とする取り組みに限定してイメージする無意識の習慣から、私たちはそろそろ脱する必要がある。

本書で明らかにしたように、人びとがコミュニティカフェに求めているのは、決して「コミュニティ」的機能だけではない。コワーキングスペース的な場所、あるいは多様な人材や情報などを求める、さまざまニーズがあった。そして、利用者の3分の2は地域住民ではなく、遠方からはるばる訪問してくる人も多い。なるほど、高齢化の進む地域では「コミュニティ再生」は「まちづくり」の重要なカギとなるだろう。だが、他の地域、他の年代では、どうだろうか。地域が異なれば、まちづくりの目的は必ずしもコミュニティ再生にはならないのかもしれない。

この問題を考えるときに、手掛かりになるのが「移動性」である。社会学者の新雅史は、空洞化する地域のコミュニティ再生を目指すまちづくりは、逆説的にも住民から移動する機会を奪い、人びとをその地域に縛り付けているのではないかと危惧する[5]。

5：新雅史「「郊外の危機」とコンビニの可能性」三浦展・藤村龍至編『郊外―その危機と再生』NHK出版, 2013, pp.111-118.

近年、郊外地域における急速な人口減少は、住居の空洞化と商業施設の撤退を招いている。若い現役世代が都心部へと移り住むなか、郊外にとり残された高齢者世帯は「買物難民」化し、消費を通じたコミュニティ形成の困難に直面している。そのため、「まちづくり」や「コミュニティ・デザイン」の専門家は、趣味や文化を通じた交流活動によって、何とか地域内のコミュニケーションを活性化できないかと取り組んでいる。

　しかし、新によれば、今後の郊外は、住宅に閉じこもる高齢者と、彼らにサービスを提供する個別宅配事業者だけに限られていく恐れがある。社会学者のマニュエル・カステルが「二重化する都市」と呼ぶように、都心部に住む高所得者と低賃金の生活困窮者の間の空間的分断が進みつつあるのだ。こうした状況において、必要なのは「生活困難者が移動できる環境の整備、あるいは街をこえて移動できる能力を人々に持たせること」である[6]。にもかかわらず、この移動性の問題を看過したうえで、コミュニティ再生に取り組むことは、単に住民を地域に閉じ込めることにしかならない危険があるのだ。

創造的地域づくりは「移動性」を前提とする

　まちづくりにおける「移動性」の重要性を示唆する事例を、もうひとつ見てみよう。第7章では、神山町のまちづくりを検討した。神山町では、創発的な出会いやイノベーションを引き起こす場の魅力に引き寄せられるように、多くの企業がサテライトオフィスを構えつつある。

　こうした神山町の活性化をもたらした要因として、もちろん、ブロードバンド環境が整っていたこともある。だが、それよりも「逆指名」制などの移住促進策が実を結んだことが大きい。起業家や職人など、魅力あるクリエイティブな人間たちが続々と移住してきたことが町の魅力を高め、それが直接・間接にプラスの影響を与えている。要するに、多様な人材の「移入」が地域の魅力に結びついているのである。

　ところが、近年、地方都市を出入りする人口は逆に減っている。社会学者の貞包英之によると、その原因は、もともと就学や就労のための移動が多い若年層人口が減ったことだけではなく、その若者自身がそもそも移動

6：前掲書[5]新(2013), p.117.

しなくなったことにある。実際、最近では、「地元」に残り、昔からの仲間関係を大切にする「マイルド・ヤンキー」が目立つようになっている。背景には、かつてとは異なり、地方都市が十分「豊か」になり、わざわざ快適な住居や自動車のある地方の暮らしを捨ててまで大都市に移住する意味が薄れたことがある[7]。

　だが、「少子高齢化にもとづく人口減少が止めがたいものだからこそ、（中略）移動人口の増加は、少子高齢化で失われていく世代や考え方の多様性を、地域に補ってくれるほとんど唯一の手段となる」[8]。こうした状況下では、神山町のような「高い移動性」を手掛かりとするまちづくりの意義が、今後ますます高まっていくだろう。大切なのは、「地域の素晴らしさを教え、さらに地元の産業を活発にし、地域に留まることを勧めるだけ」でない[9]。むしろ、まちづくりのポイントは「移動の抑制から促進へ」という視点の転換にこそあるのではないだろうか。

想像上の移動からバーチャルな移動へ

　本書は、グローバル化が進む現代社会を「モビリティ（移動性）」という側面から捉え、その視点から「場所」や「まちづくり」の意義について考えてきた。その際、「移動性」概念とは、居住移動や観光旅行のような「身体の移動」にとどまるものでなく、メディアを介した「想像上の移動」やオンラインの「バーチャルな移動」などを含む、現代生活の多面性に目を向けるものであった。今後のまちづくりおいて必要となるのは、こうした多様な「移動性」に対応した再帰的な取り組みである。

　翻ってみると、各地で進むまちづくりは、人口減少や高齢化、人口流出という急変に直面して、なんとか元の状態を取り戻せないかと、ひたすら「守り」の道を突き進んでいるように見受けられる。外部から移住者を引き寄せようとしたり、あるいはバラバラに解けつつある地域の絆を繋ぎ直そうとしたりと。もちろん、その取り組み自体は有意義なことである。ただし、その終着点を「地域に人を取り戻して、充実したコミュニティ作りを行うこと」に置くとしたら、それは少し筋違いではないだろうか。

7：**貞包英之**『地方都市を考える──「消費社会」の先端から』花伝社、2015、pp.93-102。
8：前掲書[7]**貞包**(2015)、p.95。
9：前掲書[7]**貞包**(2015)、p.94。

必要なのは、元の状態を取り戻すことではなく、移動の多元化する新しい時代に対応した「まちづくり」である。人口移動や人口減少に"抵抗"するのではなく、それを前提とする発想の転換が求められる。ちょうど、(第7章で検討したように)神山町が人口減少や居住移動を前提とした「創造的過疎」というコンセプトを打ち出しているように。

　それだけではない。第3章でアニメ聖地巡礼の事例を検討したように、現代社会では観光や旅行といった身体の移動は、メディアを介した「想像上の移動」と深く絡み合っている。ある土地に惹き付けられる要因は、その旅行者のメディア経験と分かちがたく結びついているのである。

　そして、こうしたメディア経験は、最近ではテレビや映画にとどまらない。スマートフォンなどのモバイル端末の普及にともない、「ナビタイム」などの経路探索アプリ、あるいは「foursquare」などのSNS型コミュニケーションサービスなど、位置情報の活用が広まりつつある。リアルな物理空間は、モバイル端末上で展開される情報空間のレイヤーと重ね合わされており、私たちは「身体的な移動」と「バーチャルな移動」を文字通り同時に経験する時代を迎えている。

　2010年頃から、このような位置情報を活用した観光振興の取り組みも目立つようになってきた。たとえば、位置情報を利用したゲーム、いわゆる「位置ゲー」のひとつ「コロニーな生活☆PLUS」(コロプラ)は、全国各地の店舗と提携することで、観光客の増加や店舗売り上げに大きく寄与した。また、JR九州はコロプラ社との提携企画「九州一周塗りつぶし位置ゲーの旅」を実現、大きな反響を呼んだ[10]。

　以上のように、これからの時代のまちづくりは、「想像上の移動」や「バーチャルな移動」などが「身体の移動」と絡み合うという多元的な状況に対応していくことが求められる。移動性を無視して「強いつながり」の再生にこだわったコミュニティづくりを推し進めたり、当該地域への移住促進といった「身体の移動」の視点のみでまちづくりに取り組んでいったとしても、その先に実りある成果が生まれるとは思えない。まちづくりにも、より俯瞰的で多元的な視点が求められているのである。

10：佐野正弘『位置情報ビジネス―「位置ゲー」が火をつけた新しいマーケット』毎日コミュニケーションズ, 2011.

3.2. 創造的なまちづくり—創造性とは何か
いかに創造的たりうるか

　総務省は、2012年の調査報告書『創造的人材の定住・交流の促進に向けた事例調査』において、少子高齢化をともなう人口減少社会を迎えるなかで、定住人口や交流人口を増やしていくために、創造的人材を惹きつけるまちづくりが必須となると述べている。知的付加価値を生み出す創造的人材を惹きつけ、彼らが住みたい・行きたいと思うような地域づくりをいかに行うかが肝要となると見ているのだ[11]。

　それに対して本書では、「創造的まちづくり」を単に文化芸術分野の創造的人材を地域に呼び寄せることとは捉えていない。これからの時代のまちづくりにおける「創造性」とは、アニメ聖地巡礼の事例に見られたように、リアルな空間とメディア空間というレイヤーを越えたコンテクストの"飛躍"にある。こうした、コンテクスト転換をうまくイメージづくりに取り込んでいる「リノベーションまちづくり」こそ、"創造的"なまちづくりだといえよう。また、コワーキングスペースや神山町の取り組みに見られるように、狭義の領域や分野を横断していくような情報交換やアイディアの創発的な動きも「創造的」と呼ぶことができる。要するに、既存の枠を越えた新しい組み合わせが、創造性を生み出していくのである。

　したがって、芸術家やクリエイターなどの創造的人材を呼び寄せることは、領域横断的なつながりを生み出すための方法にすぎない。そのような狙いを明確に意識することによって、人材に依存しがちなまちづくりの限界を乗り越えることができる。鍵となるのは、人材そのものというより、多様な人材を引き寄せる移動性の高さである。実際、日本のみならず、世界のクリエイティブなまちづくりが、新たな文化をもたらす移住者によってその活力を得ていることが指摘されている[12]。

どの地域も創造的たりうる

　そして、人材に依存しないということは、「創造的まちづくり」はどの

---

[11]：総務省地域力創造グループ地域自立応援課『創造的人材の定住・交流の促進に向けた事例調査』総務省, 2012, pp.1-2.
[12]：たとえば、以下の文献を参照。**高松平蔵**『ドイツの地方都市はなぜクリエイティブなのか—質を高めるメカニズム』学芸出版社, 2016, p.32.

地域にも可能だということを意味する。ところが、まちづくりの現場では、得てして「この地域だからこそうまくいった」という語りが好まれる。それは、地域の歴史や風土、それらが育む特殊な地域気質や人材などさまざまであるが、いずれにせよ何か特別なリソースの存在が神聖視される。しかし、特別なリソース依存型のまちづくりは、時間が経って文脈が変われば、意義を失ってしまう。それは、むしろ改革をしないことの免罪符にもなりかねない。

　重要なことは、どの地域であろうとも「創造的まちづくり」を実践していくのは可能だと認識することである。ただし、それは同時に、「創造的まちづくり」をめぐる競争時代の到来を意味する。事実、少子高齢化や人口減少などを背景に、「地方分権」や「地方創生」が謳われ、各地で地域おこしやまちづくりが競うように取り組まれている。各自治体も"生き残り"をかけて、さまざまなまちづくりのアイディアを必死に模索している。

　今後、わが国でも都市間、地域間の競争はますます激化していくであろう。もともと地方分権型国家であるドイツでは、都市間競争が激しいため、各都市は地域の付加価値を高めるためにさまざまな経済政策や文化政策を意欲的に推進している。そのために、各都市の価値を評価する指標や調査が多数存在するという[13]。日本でも、地域の付加価値にこれまで以上に敏感になり、他の地域とは異なる地域ブランドや地域イメージを効果的に構築していくことが求められる時代を迎えつつあるといえよう。

13：前掲書[12]高松(2016), p.164, p.173.

参考文献

・1章・

- 饗庭伸『都市をたたむ―人口減少時代をデザインする都市計画』花伝社, 2015.
- 石田光規『孤立の社会学―無縁社会の処方箋』勁草書房, 2011.
- 上野千鶴子『おひとりさまの老後』法研, 2007.
- NPO法人グリーンバレー・信時正人『神山プロジェクトという可能性―地域創生、循環の未来について』廣済堂出版, 2016.
- ジェラード・デランティ／山之内靖・伊藤茂訳『コミュニティ―グローバル化と社会理論の変容』NTT出版, 2006.
- ジョン・アーリ／吉原直樹監訳『社会を越える社会学―移動・環境・シチズンシップ』法政大学出版局, 2011.
- 総務省地域力創造グループ地域自立応援課『創造的人材の定住・交流の促進に向けた事例調査』総務省, 2012.
- 山崎満広『ポートランド―世界で一番住みたい街をつくる』学芸出版社, 2016.

・2章・

- 浅野素女『フランス家族事情―男と女と子どもの風景』岩波新書, 1995.
- 東浩紀『弱いつながり―検索ワードを探す旅』幻冬舎, 2014.
- イーフー・トゥアン／山本浩訳『空間の経験―身体から都市へ』ちくま学芸文庫, 1993.
- イーライ・パリサー／井口耕二訳『閉じこもるインターネット―グーグル・パーソナライズ・民主主義』早川書房, 2012.
- ウルリッヒ・ベック／木前利秋・中村健吾監訳『グローバル化の社会学』国文社, 2005.
- エドワード・レルフ／高野岳彦・阿部隆・石山美也子訳『場所の現象学』ちくま学芸文庫, 1999.
- 大城直樹「『場所の力』の理解へむけて―方法論的整理の試み」『南太平洋海域調査研究報告』35, 2001.
- キャス・サンスティーン／石川幸憲訳『インターネットは民主主義の敵か』毎日新聞社, 2003.
- グレゴリー・ベイトソン／佐藤良明訳『精神の生態学(改訂第2版)』新思索社, 2000.
- ゲオルク・ジンメル／酒田健一ほか訳『橋と扉(新装復刊)』白水社, 1998.
- コレクティブハウスかんかん森居住者組合森の風編『これが、コレクティブハウスだ！―コレクティブハウスかんかん森の12年』ドメス出版, 2014.
- 佐々木俊尚『キュレーションの時代―「つながり」の情報革命が始まる』ちくま新書, 2011.
- 佐谷恭・中谷健一・藤木穣『つながりの仕事術―「コワーキング」を始めよう』洋泉社, 2012.
- 篠原聡子・空間研究所・アサツー ディ・ケイ『多縁社会』東洋経済新報社, 2015.
- ジョン・アーリ／吉原直樹・伊藤嘉高訳『モビリティーズ―移動の社会学』作品社, 2015.
- 田所承己「情報のオープン化と境界を越えるつながり」田所承己・菅野博史編『つながりをリノベーションする時代―〈買わない〉〈恋愛しない〉〈働けない〉若者たちの社会学』弘文堂, 2016.
- ニコラス・ネグロポンテ／西和彦監訳・監修、福岡洋一訳『ビーイング・デジタル―ビットの時代(新装版)』アスキー, 2001.
- 古市太郎「まちづくりと『場所』―ベルク『風土論』からの接続」仲正昌樹編『批評理論と社会理論. 1』御茶の水書房, 2011.

- 堀川三郎「場所と空間の社会学―都市空間の保存運動は何を意味するのか」『社会学評論』60(4), 2010．
- マーク・S. グラノヴェター／大岡栄美訳「弱い紐帯の強さ」野沢慎司編・監訳『リーディングス ネットワーク論』勁草書房, 2006．
- マーティン・オルブロウ／会田彰・佐藤康行訳『グローバル時代の歴史社会論』日本経済評論社, 2000．
- マーティン・オルブロウ／佐藤康行・内田健訳『グローバル時代の社会学』日本経済評論社, 2001．
- ロナルド・S. バート／安田雪訳『競争の社会的構造―構造的空隙の理論』新曜社, 2006．

●3章●

- 大石玄「アニメ《舞台探訪》成立史―いわゆる《聖地巡礼》の起源について」『釧路工業高等専門学校紀要』45, 2011．
- 大原誠『NHK大河ドラマの歳月』日本放送出版協会, 1985．
- 岡本健「アニメ聖地における巡礼者の動向把握方法の検討―聖地巡礼ノート分析の有効性と課題について」『観光創造研究』2, 2008．
- 岡本健「アニメ聖地巡礼の誕生と展開」『CATS叢書』1, 2009．
- 岡本健「コンテンツ・インデュースト・ツーリズム―コンテンツから考える情報社会の旅行行動」『コンテンツ文化史研究』3, 2010．
- 岡本健「現代日本における若者の旅文化に関する研究―アニメ聖地巡礼を事例として」『旅の分化研究所研究報告』19, 2010．
- 岡本健「交流の回路としての観光―アニメ聖地巡礼から考える情報社会の旅行コミュニケーション」『人工知能学会誌』26(3), 2011．
- 岡本健「旅行者主導型コンテンツツーリズムにおける観光資源マネジメント」『日本情報経営学会誌』32(3), 2012．
- 岡本健「コンテンツツーリズムの現場からみる空間概念―現実・情報・虚構空間をめぐる観光旅行のあり方」『地理』60(6), 2015．
- 岡本健「『けいおん！』―個人の「遊び心」の集積によるCGM的観光」岡本健編『コンテンツツーリズム研究』福村出版, 2015．
- 岡本健編『コンテンツツーリズム研究』福村出版, 2015．
- 釜石直裕・岡本健「『ガールズ＆パンツァー』―タイアップ型コンテンツツーリズムの展開」岡本健編『コンテンツツーリズム研究』福村出版, 2015．
- 北村純「大河ドラマの誘致―映像作品と地域活性化」『群馬大学社会情報学部研究論集』23, 2016．
- 国土交通省・経済産業省・文化庁「映像等コンテンツの制作・活用による地域振興のあり方に関する調査報告書」, 2005．
- 酒井亨『アニメが地方を救う!?―「聖地巡礼」の経済効果を考える』ワニ・プラス, 2016．
- 塩沢茂「番組を担う人たち⑥―功労者, 吉田直哉」『キネマ旬報』1969年4月春の特別号, 1969．
- 鈴木嘉一『大河ドラマの50年―放送文化の中の歴史ドラマ』中央公論新社, 2011．
- 玉懸慎太郎「『純愛の聖地』の町づくり―映画『世界の中心で、愛をさけぶ』とそのロケ地・香川県木田郡庵治町」『人文地理学会大会 研究発表要旨』2004(0), 2004．
- 中村哲「観光におけるマスメディアの影響―映像媒体を中心に」前田勇編『21世紀の観光学』学文社, 2003．
- 風呂本武典「『たまゆら』―ミニハリウッド型コンテンツツーリズム」岡本健編『コンテンツツーリズム研究』福村出版, 2015．
- 星亮一・一坂太郎『大河ドラマと日本人』イースト・プレス, 2015．
- 前澤哲爾「フィルムコミッションによる地域活性化の可能性」『月刊自治研』50(581), 2008．

- 前原正美「メディア産業と観光産業―大河ドラマと観光ビジネス」『東洋学園大学紀要』16, 2008.
- 増淵敏之『物語を旅するひとびと―コンテンツ・ツーリズムとは何か』彩流社, 2010.
- 毛利康秀「『耳をすませば』―テーマ派生型コンテンツツーリズム」岡本健編『コンテンツツーリズム研究』福村出版, 2015.
- 山村高淑「アニメ聖地の成立とその展開に関する研究―アニメ作品『らき☆すた』による埼玉県鷲宮町の旅客誘致に関する一考察」『国際広報メディア・観光学ジャーナル』7, 2008.
- 山村高淑『アニメ・マンガで地域振興』東京法令出版, 2011.
- 吉田直哉『私のなかのテレビ』朝日新聞出版, 1977.
- 由谷裕哉・佐藤喜久一郎『サブカルチャー聖地巡礼―アニメ聖地と戦国史蹟』岩田書院, 2014.
- 李受美「『大河ドラマ』と大河ドラマ―テレビ・ドラマの歴史的想像力に対する一考察としての日韓比較分析」『情報学研究:学環:東京大学大学院情報学環紀要』68, 2005.
- 李受美「『大河ドラマ』ジャンルの登場とその社会的意味の形成過程」『情報学研究:学環:東京大学大学院情報学環紀要』70, 2006.

• 4章 •

- アラン・ブライマン／能登路雅子監訳、森岡洋二訳『ディズニー化する社会―文化・消費・労働とグローバリゼーション』明石書店, 2008.
- 伊藤知生「地域団体商標とブランド・マネジメント―地域ブランド育成・維持はいかにあるべきか」『宮城大学事業構想学部紀要』12, 2009.
- Umberto Eco, *Travels in Hyperreality*, Harcourt Brace Jovanovich, 1983.
- 春日敏男「世田谷の景観行政―都市デザインの取り組み」『都市問題研究』50(1), 1998.
- 菅野由一・松下哲夫・井上明彦「特集 47都道府県調査『地域ブランド構築で経済活性化』―個別特産品から地域ブランドの時代へ 選ばれる地域目指し、マーケティング本格化」『日経グローカル』3, 2004.
- 建設解体廃棄物対策研究会編『解体・リサイクル制度研究会報告』大成出版社, 1998.
- 国土交通省国土技術政策総合研究所『国土技術政策総合研究所資料 NO.151』2004.
- 後藤春彦『景観まちづくり論』学芸出版社, 2007.
- CET編『東京R計画-RE-MAPPING TOKYO』晶文社, 2004.
- 清水義次「リノベーションまちづくり―不動産事業でまちを再生する方法」学芸出版社, 2014.
- 世田谷区都市整備部環境課都市デザイン担当「世田谷区の景観行政」『都市公園』147, 1999.
- 中嶋聞多「地域ブランド学序説」『地域ブランド研究』1, 2005.
- 田所承己「テーマパーク化する空間環境―地域型テーマパークと〈観光のまなざし〉」『早稲田大学大学院文学研究科紀要』44(1), 1998.
- 田村明『まちづくりの実践』岩波新書, 1999.
- 田村明『まちづくりと景観』岩波新書, 2005.
- 垂水英司「神戸市における景観形成の試み」『建築雑誌』98(1202), 1983.
- 南後由和「建築空間／情報空間としてのショッピングモール」若林幹夫編『モール化する都市と社会―巨大商業施設論』NTT出版, 2013.
- 西村幸夫「まちづくりの変遷」石原武政・西村幸夫編『まちづくりを学ぶ―地域再生の見取り図』有斐閣, 2010.
- 馬場正尊・Open A編『エリアリノベーション―変化の構造とローカライズ』学芸出版社, 2016.
- 林靖人・北村大治・高砂進一郎・金田茂裕・中嶋聞多「ブランド価値評価の方法論に対する検討―ブランドステレオタイプと購買の関係性」『地域ブランド研究』3, 2007.
- 林靖人・中嶋聞多「地域ブランド研究における研究領域構造の分析―論文書誌情報データベースを活用した定量分析の試み」『人文科学論集.人間情報学科編』43, 2009.

- 速水健朗『都市と消費とディズニーの夢―ショッピングモーライゼーションの時代』角川oneテーマ21, 2012.
- 平山洋介『住宅政策のどこが問題か』光文社新書, 2009.
- 渕井達也・高見沢実・野原卓「住宅地域の景観施策における『地域の共感・共有』の効果の検証―世田谷区・地域風景資産および住民団体の活動を対象として」『学術講演梗概集』2015（都市計画）, 2015.
- 牧野知弘『空き家問題―1000万戸の衝撃』祥伝社新書, 2014.
- 松永安光・漆原弘『リノベーションの新潮流―レガシー・レジェンド・ストーリー』学芸出版社, 2015.
- 三宅理一『負の資産で街がよみがえる―縮小都市のクリエーティブ戦略』学芸出版社, 2009.
- 吉見俊哉『都市のドラマトゥルギー―東京・盛り場の社会史』弘文堂, 1987.
- 吉見俊哉『博覧会の政治学―まなざしの近代』中公新書, 1992.
- 吉見俊哉「シミュラークルの楽園―都市としてのディズニーランド」多木浩二・内田隆三編『零の修辞学―歴史の現在』リブロポート, 1992.
- 米山秀隆『空き家急増の真実―放置・倒壊・限界マンション化を防げ』日本経済新聞出版社, 2012.

5章

- 秋山綾「『街歩き観光』にみる『なつかしさ』の消費とアミューズメント・スポットにおけるその活用」『TASC monthly』371, 2006.
- 東浩紀『動物化するポストモダン―オタクから見た日本社会』講談社現代新書, 2001.
- 伊藤香織・紫牟田伸子監修／シビックプライド研究会編『シビックプライド―都市のコミュニケーションをデザインする』宣伝会議, 2008.
- 伊藤香織・紫牟田伸子監修／シビックプライド研究会編『シビックプライド2【国内編】―都市と市民のかかわりをデザインする』宣伝会議, 2015.
- 円堂都司昭『ディズニーの隣の風景―オンステージ化する日本』原書房, 2013.
- 遠藤英樹「神戸の観光空間にひそむ『風景の政治学』」須藤廣・遠藤英樹『観光社会学―ツーリズム研究の冒険的試み』明石書店, 2005.
- 大塚英志『定本物語消費論』角川書店, 2001.
- 岡本健「コンテンツ・インダースト・ツーリズム―コンテンツから考える情報社会の旅行行動」『コンテンツ文化史研究』3, 2010.
- 岡本健編『コンテンツツーリズム研究―情報社会の観光行動と地域振興』福村出版, 2015.
- 長田攻一「社会学におけるコミュニケーション」秋元律郎他『社会学的世界の呈示』学文社, 1990.
- 金子淳「はじめに」松原隆一郎他『〈景観〉を再考する』青弓社, 2004.
- グレゴリー・ベイトソン／佐藤良明訳『精神の生態学』新思索社, 2000.
- ジャン・ボードリヤール／竹原あき子訳『シミュラークルとシミュレーション』法政大学出版局, 1984.
- ジュディス・ウィリアムスン／山崎カヲル・三神弘子訳『広告の記号論』（Ⅰ）（Ⅱ）, 柘植書房新社, 1985.
- ジョン・アーリ／加太宏邦訳『観光のまなざし―現代社会におけるレジャーと旅行』法政大学出版局, 1995.
- ダニエル・J. ブーアスティン／星野郁美・後藤和彦訳『幻影の時代』東京創元社, 1964.
- 宮台真司『制服少女たちの選択』講談社, 1994.
- 山村高淑『アニメ・マンガで地域振興』東京法令出版, 2011.

6章

- 磯村英一『都市社会学研究』有斐閣, 1959.
- 磯村英一「人間と都市環境」磯村英一・吉富重夫・米谷栄二編『人間と都市環境―①大都市中心部』鹿島出版会, 1975.
- 上野淳・松本真澄『多摩ニュータウン物語』鹿島出版会, 2012.
- 上野千鶴子「選べる縁・選べない縁」栗田靖之編『日本人の人間関係』ドメス出版, 1987.
- 遠藤英樹「モビリティーズ時代の幻影」井尻昭夫他編『ショッピングモールと地域』ナカニシヤ出版, 2016.
- 倉持香苗『コミュニティカフェと地域社会』明石書店, 2014.
- 篠原聡子・空間研究所・アサツー ディ・ケイ『多縁社会』東洋経済新報社, 2015.
- 橘弘志・高橋鷹志「地域に展開される高齢者の行動環境に関する研究―大規模団地と既成市街地におけるケーススタディー」『日本建築学会計画系論文集』496, 1997.
- 田所承己「コミュニティカフェとモビリティ―地域空間における〈つながり〉の変容」長田攻一・田所承己編『〈つながる／つながらない〉の社会学』弘文堂, 2014.
- 田所承己「コミュニティカフェにおけるイベント活動に関する研究―運営に関する質問紙調査の分析を通して」『帝京社会学』28, 2015.
- 田所承己「コミュニティカフェとパーソナル・ネットワーク―利用者を対象とする質問紙調査データの分析」『帝京社会学』29, 2016.
- 田所承己「都市空間におけるメディア接触行動―コミュニティカフェにおけるチラシ閲覧行動を手掛かりに」『情報処理センター年報』18, 2016.
- 田所承己「モビリティ時代に人はなぜ場所に集まるのか―コミュニティカフェの『場所の意味づけ』を手掛かりに」『帝京社会学』30, 2017.
- 田中康裕「コミュニティ・カフェによる暮らしのケア」高橋鷹志・長澤泰・西村伸也編『環境とデザイン』朝倉書店, 2008.
- 田中康裕・鈴木毅「地域における異世代の顔見知りの人との接触についての一考察―『中間的な関係』と『場所の主』の観点から」『日本建築学会計画系論文集』73(632), 2008.
- 田中康裕・鈴木毅・松原茂樹・奥俊信・木多道宏「コミュニティ・カフェにおける『開かれ』に関する考察―主(あるじ)の発言の分析を通して」『日本建築学会計画系論文集』614, 2007.
- 藤竹暁「情報環境論―現代におけるコミュニケーションに関するノート」藤竹暁・林進・辻村暁・斎藤茂太『コミュニケーションの将来』学習研究社, 1972.
- 藤竹暁「都市空間とコミュニケーション」倉沢進編『都市社会学』東京大学出版会, 1973.
- 松本健太郎「現代における『意味の帝国』としてのショッピングモール」井尻昭夫ほか編『ショッピングモールと地域』ナカニシヤ出版, 2016.
- 三浦展編『脱ファスト風土宣言―商店街を救え！』洋泉社, 2006.
- 三浦展『これからの日本のために「シェア」の話をしよう』NHK出版, 2011.
- 宮台真司『まぼろしの郊外』朝日新聞社, 1997.
- 森口将之『富山から拡がる交通革命―ライトレールから北陸新幹線開業にむけて』交通新聞社, 2011.
- 山崎亮『コミュニティデザインの時代―自分たちで「まち」をつくる』中央公論新社, 2012.
- 山下裕子『にぎわいの場 富山グランドプラザ―稼働率100％の公共空間のつくり方』学芸出版社, 2013.
- 山納洋『つながるカフェ―コミュニティの〈場〉をつくる方法』学芸出版社, 2016.
- 吉見俊哉『都市のドラマトゥルギー―東京・盛り場の社会史』弘文堂, 1987.
- 若林幹夫編『モール化する都市と社会―巨大商業施設論』NTT出版, 2013.
- WAC編『コミュニティ・カフェをつくろう！』学陽書房, 2007.

●7章●

- 阿部智和「オフィス空間のデザイン研究のレビュー──知的創造性に着目したオフィス空間のデザインをめぐって」『地域経済経営ネットワーク研究センター年報』3, 2014.
- 阿部智和・宇田忠司「コワーキングスペースの様態──国内施設に関する相関分析」『經濟學研究』65(1), 2015.
- 阿部智和・宇田忠司「コワーキングスペースの実態調査──2014年度調査における自由記述項目の検討」『經濟學研究』65(2), 2015.
- 阿部智和・宇田忠司・平本健太「コワーキングスペースの実態調査──2014年度調査の概要報告」『地域経済経営ネットワーク研究センター年報』4, 2015.
- 有元政晃・松本直人・松本裕司・城戸崎和佐・仲隆介「コワーキングに着目したワークプレイスに関する研究(その1)──コワーキングの基礎的実態調査」『日本建築学会大会学術講演梗概集』2012 (建築計画), 2012.
- 石鍋仁美『生きるためにつながる』日本経済新聞出版社, 2013.
- 磯山友幸「人集めに成功した神山町「成長」に向けた第2ステージへ」『Wedge』2015年11月号, 2015.
- 宇田忠司「コワーキングの概念規定と理論的展望」『經濟學研究』63(1), 2013.
- 宇田忠司・阿部智和「コワーキングスペースの実態調査──2014年度調査の分析結果」『地域経済経営ネットワーク研究センター年報』4, 2015.
- ウルリッヒ・ベック／東廉・伊藤美登里訳『危険社会──新しい近代への道』法政大学出版局, 1998.
- NPO法人グリーンバレー・信時正人『神山プロジェクトという可能性──地方創生、循環の未来について』廣済堂出版, 2016.
- 大南信也「雇用がないなら、仕事を持っている人を呼べばいい」『中央公論』2015年2月号, 2015.
- 金丸利文・齋藤敦子「異分野・異文化の『個』がつながる共創の場 クリエイティブ・ラウンジ・モヴ」『日本テレワーク学会誌』13(2), 2015.
- 加茂利男「世界都市と創造都市──現代都市の二つのイメージ」佐々木雅幸・総合研究開発機構編『創造都市への展望』学芸出版社, 2007.
- 小林鋼平・三輪康一・栗山尚子「シェア空間のコミュニティ形成に関する研究──coworkingスペースの運営方法と空間構成に着目して」『日本建築学会近畿支部研究報告集, 計画系』52, 2012.
- 佐々木雅幸「創造都市論の系譜と日本における展開」佐々木雅幸・総合研究開発機構編『創造都市への展望』学芸出版社, 2007.
- 佐々木雅幸・川井田祥子・萩原雅也編『創造農村──過疎をクリエイティブに生きる戦略』学芸出版社, 2014.
- 佐谷恭・中谷健一・藤木穣『つながりの仕事術──「コワーキング」を始めよう』洋泉社, 2012.
- 篠原匡『神山プロジェクト──未来の働き方を実験する』日経BP社, 2014.
- 高橋成文「徳島県神山町のワーク・イン・レジデンス──創造的な移住支援で町を活性化」『地方行政』10581, 2015.
- ダニエル・ベル／山崎正和他訳『知識社会の衝撃』TBSブリタニカ, 1995.
- 野田邦弘「創造人材の誘致による過疎への挑戦──神山町」佐々木雅幸・川井田祥子・萩原雅也編『創造農村』学芸出版社, 2014.
- 萩原雅也「創造的活動のための人的資源と文化資源についての考察──徳島県上勝町・神山町の事例から」『大阪樟蔭女子大学研究紀要』4, 2014.
- 埴淵知哉『都市における「共働空間」の現状と可能性』名古屋まちづくり公社・名古屋都市センター, 2014.
- 平野真「アートを媒体とした地域共同体の創生──徳島県神山町の事例の示唆するもの」『Venture review』18, 2011.
- 星野達也『オープン・イノベーションの教科書』ダイヤモンド社, 2015.

- リンダ・グラットン／池村千秋訳『ワーク・シフト—孤独と貧困から自由になる働き方の未来図』プレジデント社, 2012.
- ロバート・B. ライシュ／清家篤訳『勝者の代償—ニューエコノミーの深淵と未来』東洋経済新報社, 2002.
- 渡辺修司・松本直人・松本裕司・城戸崎和佐・仲隆介「コワーキングに着目したワークプレイスに関する研究（その2）—コワーキングスペース利用者の場所選択要因に関する考察」『日本建築学会大会学術講演梗概集』2012（建築計画）, 2012.
- 徐華・西出和彦「都心にあるコワーキングスペースにおける交流行動」『日本建築学会大会学術講演梗概集』2014（建築計画）, 2014.

8章

- 阿部真大『地方にこもる若者たち—都市と田舎の間に出現した新しい社会』朝日新聞出版, 2013.
- イーフー・トゥアン／阿部一訳『コスモポリタンの空間—コスモスと炉端』せりか書房, 1997.
- 菊池哲彦「TSUTAYA／ブックオフ—『快適な居場所』としての郊外型複合書店」近森高明・工藤保則編『無印都市の社会学—どこにでもある日常空間をフィールドワークする』法律文化社, 2013.
- 佐伯胖『「学ぶ」ということの意味』岩波書店, 1995.
- ジョン・アーリ／吉原直樹・伊藤嘉高訳『モビリティーズ—移動の社会学』作品社, 2015.
- 鈴木毅「オープンな居方—人の『居方（いかた）』からの環境デザイン7」『建築技術』534, 1994.
- 鈴木毅「人の『居方』からの環境デザインの試み」『JKKハウジング大学校講義録Ⅰ』小学館スクウェア, 2000.
- 鈴木毅「都市居住における個人の生活行動空間」『JKKハウジング大学校講義録Ⅱ』小学館スクウェア, 2001.
- 総務省地域力創造グループ地域自立応援課『創造的人材の定住・交流の促進に向けた事例調査』総務省, 2012.
- 田坂広志『これから何が起こるのか』PHP研究所, 2006.
- 田代洋久「地域性と結合した文化的資源の創造による島の活性化—直島町・小豆島町」佐々木雅幸・川井田祥子・萩原雅也編『創造農村』学芸出版社, 2014.
- 橘弘志「居場所にみる新たな公共性」日本建築学会編『まちの居場所』東洋書店, 2010.
- 橘弘志「市街地と団地に展開される行動環境の比較—高齢者の生活から地域環境を捉える」高橋鷹志・長澤泰・鈴木毅編『シリーズ人間と建築2 環境と行動』朝倉書店, 2008.
- 田中康裕・鈴木毅「地域における異世代の顔見知りの人との接触についての一考察—『中間的な関係』と『場所の主』の観点から」『日本建築学会計画系論文集』73(632), 2008.
- トーマス・フリードマン／伏見威蕃訳『フラット化する世界（増補改訂版）』日本経済新聞出版社, 2008.
- 南後由和「建築空間／情報空間としてのショッピングモール」若林幹夫編『モール化する都市と社会—巨大商業施設論』NTT出版, 2013.
- 野田邦弘「創造人材の誘致による過疎への挑戦—神山町」佐々木雅幸・川井田祥子・萩原雅也編『創造農村』学芸出版社, 2014.
- 藤代裕之編『ソーシャルメディア論—つながりを再設計する』青弓社, 2015.
- 藤本憲一「コンビニ—人見知りどうしが集う給水所」近森高明・工藤保則編『無印都市の社会学—どこにでもある日常空間をフィールドワークする』法律文化社, 2013.
- リチャード・フロリダ／井口典夫訳『クリエイティブ資本論—新たな経済階級の台頭』ダイヤモンド社, 2008.
- リチャード・フロリダ／井口典夫訳『クリエイティブ都市論—創造性は居心地のよい場所を求める』ダイヤモンド社, 2009.

- リチャード・フロリダ／小長谷一之訳『クリエイティブ都市経済論―地域活性化の条件』日本評論社, 2010.

● 終章 ●

- 新雅史「『郊外の危機』とコンビニの可能性」三浦展・藤村龍至編『郊外―その危機と再生』NHK出版, 2013.
- 木下斉『稼ぐまちが地方を変える―誰も言わなかった10の鉄則』NHK出版, 2015.
- 貞包英之『地方都市を考える―「消費社会」の先端から』花伝社, 2015.
- 佐野正弘『位置情報ビジネス―「位置ゲー」が火をつけた新しいマーケット』毎日コミュニケーションズ, 2011.
- 総務省地域力創造グループ地域自立応援課『創造的人材の定住・交流の促進に向けた事例調査』総務省, 2012.
- 高松平蔵『ドイツの地方都市はなぜクリエイティブなのか―質を高めるメカニズム』学芸出版社, 2016.
- 西村幸夫「まちづくりの枠組み」石原武政・西村幸夫編『まちづくりを学ぶ』有斐閣, 2010.
- 西村幸夫「まちづくりの変遷」石原武政・西村幸夫編『まちづくりを学ぶ』有斐閣, 2010.
- 馬場正尊・Open A編『エリアリノベーション―変化の構造とローカライズ』学芸出版社, 2016.

索引

・あ〜お・

青森（県／市）・・・・・・・・・・・・・・・・・・・・066,078
空き家・・・・・・006,010,066,083,084,085,
110,111,117,123,159,166,167
空き家バンク・・・・・・・・・・・・・・・・・・・・・・・083
アクセシビリティ・・・・・・・・・・・・・・・・・・・179
東浩紀・・・・・・・・・・・・・・・・・・・・・・・029,101
アーティスト・イン・レジデンス・・・・・002,
005,086,156,162
アートまちづくり・・・・005,008,086,107,
143,183
アートまちづくりの戦略・・・・・・・・・・・・・160
アニメ聖地巡礼・・・・・・006,009,010,041,
051,055,056,057,058,059,060,061,
063,064,068,097,103,106,107,191,
198
阿部真大・・・・・・・・・・・・・・・・・・・・・・・・・175
アラン・ブライマン
Alan Bryman・・・・・・・・・・・・・・068,069
イオンモール・・・・・・・・・・・・・・・・・・・・・175
居方・・・・・・・・・・・・・・・・・・・・・・・・177,180
移住・・・002,084,085,156,157,165,166,
167,168,169,195,197,198
磯村英一・・・・・・・・・・・・・・・・・・・・・・・・120
移動・・・・021,025,035,062,100,121,143,
170,171,175,177,182,183,184,185,
186,189,196,197
　身体の——・・・・・021,026,035,051,064,
193,196,197
　想像上の——・・・021,026,030,035,050,
064,143,182,191,196,197
　バーチャルな——・・・021,025,026,027,
030,182,193,196,197
イノベーション・・・・・・・・・・・・・・・・003,005
居場所・・・・・・・・・・005,123,128,133,135
イーフー・トゥアン
Yi-Fu Tuan・・・・・・・・・・・・・・・・024,181
イン神山・・・・・・・・・・・・・・・・・・・・158,166
インキュベーター・・・・・・・・・・・・・・・・・135

上野千鶴子・・・・・・・・・・・・・・・・・・・007,121
エコーチェンバー（共鳴室）・・・・・・・・・034
エドワード・レルフ
Edward Relph・・・・・・・・・・・・・・・・024
エリアリノベーション・・・・・・・・・・・・・・192
大洗町・・・・・・・・・・・・・・・・・・・・・040,054
大型商業施設・・・・・・・・・・・・・・・・・・・・119
大きな物語・・・・・・・・・・・・・・・・・・・・・・101
大塚英志・・・・・・・・・・・・・・・・・・・・・・・101
岡山（県／市）・・・・・・・・・・・083,084,175
尾道市・・・・・・・・・・・・・・・・・・・・・066,084
小布施町・・・・・・・・・・・・072,076,077,108
オープンイノベーション・・・015,035,146
オープンガバメント・・・・・・・・・・015,035

・か〜こ・

過疎・・・・・・・・・・002,003,010,157,167
神山アーティスト・イン・レジデンス
（KAIR）・・・・・・158,160,162,163,164,
165,168,169
神山町・・・・・・002,003,005,008,011,013,
156,157,159,160,163,164,166,167,
186,195,196,197,198
観光のまなざし・・・023,100,101,102,107
観光立国・・・・・・・・・・・・・・・・・・・・・・・039
神田RENプロジェクト・・・・・・・・・088,093
起業・・・・002,003,016,137,158,166,168,
169,195
疑似イベント・・・・・・・・・・・・・・・・・・・・099
機能分化・・・・・・・・・・・・・・・・・・・・017,018
クリエイティブ・オフィス・・・・・・・・・・・147
クリエイティブ階級・・・・・・・091,183,187
クリエイティブな人材（創造的人材）・・・・・
005,008,156,157,169,170,184,185,
189,190,198
グレゴリー・ベイトソン
Gregory Bateson・・・・・・027,030,031,
033,106
グローバル化・・・・012,017,019,021,034,
035,146,183,186,191,196

景観条例 ····················· 075,076
景観まちづくり ········ 006,009,066,067,
　073,075,076,077,082,097
ゲオルク・ジンメル
　Georg Simmel ··············· 017
公共広場 ················ 116,122,139
構造的空隙 ··············· 032,178,187
高度経済成長 ··············· 047,071,073
神戸 ······················ 074,075,076
高齢化 ······ 003,039,128,157,168,194,
　196,199
高齢者 ······ 005,083,123,127,128,132,
　168,195
国民国家 ··············· 017,018,020,193
コミュニケーション・ポイント ········ 109
コミュニタス ·························· 120
コミュニティカフェ··· 004,007,008,010,
　124,126,127,129,131,132,133,136,
　171,189,191,194
コミュニティ再生 ········ 008,022,084,117,
　131,136,171,193,194,195
孤立 ························· 008,128
コレクティブハウス ·············· 013,118
コワーキングスペース ······ 005,008,010,
　013,014,035,136,137,140,141,142,
　144,147,148,171,186,194,198
コンテクスト・マーカー ······ 028,030,064,
　106,110
コンテンツツーリズム ······ 006,038,039,
　040,041,051,056,058,060,063,068,
　073,099,102,111,112
コンパクトシティ ················ 066,115
コンビニ ······ 020,172,173,174,176,180

・ さ～そ ・

佐伯胖 ······························ 181
盛り場 ························ 070,120
佐々木俊尚 ·························· 029
サテライトオフィス··· 002,142,145,157,
　159,160,166,167,169,195
サードプレイス ······················ 135
CI ································ 075
シェア ······ 005,013,014,015,016,035,
　115,136,183

シェアオフィス ········ 003,014,141,146,
　160
シェアハウス ························· 013
ジェラード・デランティ
　Gerard Delanty ················ 007
汐留シオサイト ······················ 072
市街地空洞化 ······ 006,066,083,085,116
指示対象システム ·············· 103,107
自宅サロン ··························· 137
シビックプライド ··············· 081,109
渋谷 ··························· 070,092
渋谷ヒカリエ ························· 072
シャッター街 ··················· 066,083
ジャン・ボードリヤール
　Jean Baudrillard ················ 108
週末居住 ····························· 066
ジュディス・ウィリアムスン
　Judith Williamson ·········· 102,107
趣味起業 ··················· 136,137,139
巡礼記 ······················ 056,058,059
巡礼者 ········· 055,056,058,059,068
商業開発 ················ 009,068,073,115
消費社会 ···························· 100
情報空間 ········· 111,120,173,174,197
情報のオープン化 ··············· 015,016
ショッピングセンター ················ 071
ショッピングモール ··· 008,009,067,073,
　108,111,115,118,119,122,175,176
書店 ···················· 172,173,174,180
ジョン・アーリ
　John Urry ···· 007,021,025,030,100,
　186
人口減少 ····· 006,039,066,082,083,097,
　111,168,195,196,197,198,199
鈴木毅 ······················ 177,179,180
スパイキーな世界 ················ 188,189
住み開き ···························· 117
スモールビジネス ··············· 137,139
スローカフェ ························· 123
聖地巡礼ノート ······················ 055
世界都市 ···························· 155
世田谷区 ···························· 077
CET ···················· 087,089,093,097,098
セミパブリック ················ 116,139

選択縁 …………………………… 121
セントラルイースト …………………… 087
相互扶助 …………… 008, 127, 128, 132, 137, 139, 171
創造の過疎 …………… 157, 168, 197
創造的人材（クリエイティブな人材）……
  005, 008, 156, 157, 169, 170, 184, 185, 189, 190, 198
創造的地域づくり ……… 156, 170, 171, 191
創造都市 ………………… 155, 183, 185
創造農村 …………………………… 156
ソーシャルビジネス …………………… 150
SOHO ……………………………… 145

・た〜と・

大河ドラマ観光 …… 010, 041, 043, 048, 049, 050, 063, 064
第三空間 …………………………… 120
第三次総合開発計画 ………………… 074
第四空間 …………………………… 121
竹原市 ……………………………… 053
ダニエル・ブーアスティン
  Daniel J. Boorstin …………… 099
多摩市 ………………… 053, 063, 128
団地 ……………… 083, 084, 179, 193
地域アイデンティティ …… 067, 073, 075, 078
地域イメージ …… 006, 049, 073, 085, 087, 089, 091, 094, 097, 110, 154, 157, 160, 189, 199
地域再生 …… 076, 079, 085, 088, 110, 192
地域情報 ……………………… 124, 126
地域ブランド …… 066, 067, 078, 079, 080, 081, 082, 097, 107, 108, 157, 168, 199
地縁型コミュニティ ………………… 117
知識社会 …………………………… 145
秩父市 ………………………… 040, 062
地方の時代 ………………………… 074
地方分権化 ………………… 039, 056, 192
中間的な関係 ……… 132, 133, 177, 178
中心市街地活性化法 ………………… 118
ツタヤ ……………………………… 173
定住圏構想 ………………………… 074
ディズニーゼーション ……………… 068
ディズニーランド …… 009, 069, 070, 072, 108, 120, 180
デイリー・ミー（日刊自分新聞）……… 033
データベース消費 …… 101, 102, 103, 108
テーマ化 …… 009, 067, 068, 069, 071, 072, 073, 082, 097, 107, 120
テーマ型のコミュニティ ……………… 118
テーマパーク …… 009, 067, 068, 070, 072, 108, 110
テレワーク …………………… 145, 159
東京R不動産 ……………………… 089
東京ミッドタウン …………………… 072
トーマス・フリードマン
  Thomas L. Friedman ………… 188
富山市 ……………………………… 115
豊郷小学校 ………………………… 053
トリエンナーレ／ビエンナーレ … 005, 087

・な〜の・

直島 ………………………………… 184
ニコラス・ネグロポンテ
  Nicholas Negroponte ………… 033
日刊自分新聞（デイリー・ミー）……… 033
ネットワーク …… 006, 015, 026, 031, 032, 088, 120, 122, 129, 137, 156, 163, 165, 178, 183, 186
ノイズ …… 028, 033, 034, 170, 175, 177, 182, 183, 189

・は〜ほ・

媒介的関係 ………………………… 170
媒介的空間 …… 171, 176, 181, 182, 190
廃校 ………………………………… 085
羽田空港 …………………………… 072
パブリックアート …………………… 086
パブリックスペース ………………… 135
パブリック・プレイス …… 118, 119, 122, 132
ビエンナーレ／トリエンナーレ … 005, 087
東日本大震災 ………………… 117, 127
B級グルメ ………………………… 111
ファスト風土 ……………………… 119
フィルターバブル ………………… 033, 182
フィルムコミッション …… 039, 056, 057,

058
フィルムツーリズム······················058
複合家族······························018
福祉亭································128
藤竹暁································121
ブックオフ····························173
富良野市······························038
ブランド化·········078,079,081,154,160,
　166,170,172,188,189,190
フリーエージェント社会···········145,147
ブリッジ···········032,033,034,178,187
フリーランス·······················144,153
平成の大合併·······················039,080
別世界との接触·········135,136,137,138,
　139,171,172,180,182,189,190
ポートランド··························003
ホームオフィス························145

・ま〜も・

マーク・グラノベッター
　Mark Granovetter················031
街歩きオタク·······················103,105
街歩き観光····························103
町おこし··························002,157,165
街なか居住·····························083
町並み保存運動························023
マーティン・オルブロウ
　Martin Albrow··················018,020
丸の内ビルディング······················146
宮城県·····························006,040
宮台真司···························100,121
無縁社会·····························007,117
メディアミックス···················061,104
モータリゼーション··········175,177,178,

182,189
物語消費······························101
モビリティ········021,099,170,182,196
モビリティ社会···············035,182,191

・や〜よ・

役割理論······························019
山崎亮································117
ゆるキャラ®···························111
横浜·········005,087,114,125,137,138,141,
　142
吉見俊哉·······················069,070,121
弱いつながり···········031,187,188,190

・ら〜ろ・

『らき☆すた』·····006,039,052,054,055,
　057
リチャード・フロリダ
　Richard L. Florida······091,183,184,
　187,188
リノベーション·········006,084,089,096,
　110,111,146
リノベーションまちづくり·······006,009,
　010,065,066,067,082,084,097,099,
　107,111,112,198
歴史的景観·························075,077
六本木ヒルズ·······················088,146
若林幹夫······························120
ワーキングスペース·····················148
ワーク・イン・レジデンス····158,166,167
ワークスペース·························144
ワークプレイス·························141
鷲宮神社··············006,052,055,057,058
鷲宮町································039

【著者】
田所承己（たどころ・よしき）
帝京大学文学部社会学科専任講師。早稲田大学大学院文学研究科社会学専攻博士後期課程単位取得退学。専門は社会学、情報・メディア論、都市論。編著に『〈つながる／つながらない〉の社会学─個人化する時代のコミュニティのかたち』（弘文堂、2014）、『つながりをリノベーションする時代─〈買わない〉〈恋愛しない〉〈働けない〉若者たちの社会学』（弘文堂、2016）。共著に『道空間のポリフォニー』（音羽書房鶴見書店、2007）、『テレビだよ！ 全員集合─自作自演の1970年代』（青弓社、2007）、『現代の四国遍路』（学文社、2003）など。

場所でつながる／場所とつながる
──移動する時代のクリエイティブなまちづくり

2017（平成29）年3月15日　初版1刷発行

著　者	田所承己	
発行者	鯉渕友南	
発行所	株式会社　弘文堂	101-0062　東京都千代田区神田駿河台1の7 TEL03(3294) 4801　　振替00120-6-53909 http://www.koubundou.co.jp

ブックデザイン　青山修作
印　刷　大盛印刷
製　本　井上製本所

Ⓒ 2017 Yoshiki Tadokoro, Printed in Japan.

JCOPY　＜(社)出版者著作権管理機構　委託出版物＞
本書の無断複写は著作権法上での例外を除き禁じられています。複写される場合は、そのつど事前に、出版者著作権管理機構（電話 03-3513-6969、FAX 03-3513-6979、e-mail : info@jcopy.or.jp）の許諾を得てください。
また本書を代行業者等の第三者に依頼してスキャンやデジタル化することは、たとえ個人や家庭内での利用であっても一切認められておりません。

ISBN978-4-335-55187-1